TABLE GÉNÉRALE

DES

MATIÈRES.

ANECDOTES

SUR

LA COUR

ET

L'INTÉRIEUR DE LA FAMILLE

DE

NAPOLÉON BONAPARTE.

PARIS:

ET LONDRES,

CHEZ COLBURN, LIBRAIRE, RUE CONDUIT.

1818.

De l'Imprimerie de
Cox et Baylis, Great Queen Street,
Lincoln's-Inn-Fields.

SECONDE PARTIE.　　　　Page

AVANT-PROPOS.

La carrière militaire si glorieusement parcourue par Napoléon, comme général, comme premier consul, enfin comme empereur, pendant les premières années qui suivirent l'instant où il releva la couronne de France, ensevelie sous les décombres de la révolution, pour la placer sur sa tête déjà couverte de lauriers, dont il auroit pu, dont il auroit peut-être dû se contenter; le labyrinthe de fautes dans lequel il s'est ensuite engagé depuis son invasion d'Espagne jusqu'à sa déportation dans l'île de Ste. Hélène, sont des objets qui ont déjà exercé bien des plumes, et qui, quoique du plus grand intérêt politique, n'offrent plus rien qui puisse piquer la curiosité. Mais l'homme est moins connu que le héros, et l'on n'a sur l'intérieur de sa vie domestique que des ouvrages qu'on ne doit regarder que comme des romans. C'est sous ce point de vue que l'auteur de cet ouvrage s'est proposé de l'envisager principalement, et comme il ne veut rien avancer d'incertain ou de suspect, il s'est borné aux faits dont la vérité lui est personnellement connue. C'est pour cette raison qu'il n'a pas voulu remonter plus haut qu'à l'époque de son mariage avec Marie Louise.

Tant que Napoléon a été entouré du prestige de la puissance, l'histoire n'a vu en lui qu'un héros, qu'un être élevé au-dessus de la condition humaine, envoyé par le ciel pour changer la face de la terre ; en un mot, *der Mann des Schicksals*, l'homme du destin, surnom qu'on lui avoit donné en Allemagne. Mais une fois couvert du nuage de l'adversité, ce soleil, dont l'œil avoit peine à soutenir l'éclat, s'est vu tout à coup dépouillé de tous ses rayons. Celui qu'on avoit élevé presque au niveau de la divinité, se vit dégradé presque au-dessous de la condition des hommes. C'étoit le hasard, c'étoit la fortune qui avoient tout fait pour lui : on ne lui laissa même pas sa gloire militaire. Ses vertus, ses grandes qualités, les services qu'il avoit rendus à la France, n'avoient été écrits que sur le sable, tandis que ses fautes et ses erreurs étoient gravées sur le diamant. Un grand peuple délivré par lui du joug d'une tyrannie sanguinaire et anarchique ; ses armes plus respectées dans tout l'univers qu'elles ne l'avoient jamais été dans la plus grande prospérité des Charlemagne et des Louis XIV ; des routes et des canaux ouverts dans toutes les provinces ; la capitale embellie en quelques années plus qu'elle ne l'avoit été depuis des siècles ; des montagnes applanies pour ouvrir une communication plus facile entre la France et l'Italie ; l'introduction d'un système uniforme de poids et de mesures ; la

promulgation de codes de loix que ses ennemis mêmes ont été forcés d'admirer et de
conserver ; tout cela n'étoit pas, ne pouvoit
pas être l'ouvrage d'un homme ordinaire.
Cependant tous ces grands traits dont un seul
suffiroit pour immortaliser la mémoire d'un
Roi, ont été couverts des ténèbres de l'oubli.
On ne s'est souvenu que de cette soif insatiable de conquêtes, de ce désir désordonné
de gloire qui ont trop long-temps couvert
l'Europe de deuil et de sang ; de cette conscription tyrannique qui a dépeuplé nos cam-
pagnes et fait le désespoir des mères ; de ce
mépris pour la foi publique qui lui a fait en-
vahir un royaume avec lequel il étoit en
paix, attirer dans un piége infâme la famille
royale d'Espagne, et saisir en pays étranger
un prince, issu du sang de nos anciens rois,
pour l'assassiner juridiquement.

Cet oubli du bien, pour ne conserver le
souvenir que du mal, n'offre pourtant rien
de bien étonnant. Les laves du volcan qui,

pendant vingt-cinq ans, a couvert la France de cendres presque sans interruption, sont encore trop chaudes pour qu'on puisse y porter la main. Les contemporains sont chargés de conserver la mémoire des événemens, c'est à la postérité qu'il appartient de juger les hommes. Le but de l'ouvrage qu'on va lire n'est donc ni la censure ni la louange, il est entièrement consacré à la vérité.

Une foule d'anecdotes puériles, triviales et mensongères ont circulé dans la société, et ont été imprimées dans des ouvrages morts dès leur naissance, sur la vie privée de Napoléon. Toutes celles qu'on va lire ici sont véritables, et l'on peut les regarder comme authentiques. Elles n'ont été ni tirées des journaux, ni rédigées sur des ouï-dire, ni inventées à plaisir. La plupart de ceux qui ont écrit sur Napoléon, le connoissoient à peine de vue ; ils le jugeoient sur ses actions publiques, ne pouvoient peindre que le chef de l'état, et souvent parloient de lui, comme l'abbé de Vertot avoit parlé du siége de Malte.* La dame à qui nous devons la première partie de cet ouvrage habitoit son palais, suivoit les voyages de la cour, ne passoit pas un jour, quand l'empereur étoit en France, sans avoir avec lui des relations habituelles, étoit, pour ainsi dire, le témoin nécessaire d'une grande partie de sa vie privée et domestique. Attachée au service intérieur et particulier de l'impératrice Marie Louise, elle n'a pas quitté un instant cette princesse depuis son arrivée en France, jus-

---

* L'Abbé de Vertot écrivant son histoire de Malte, attendoit des mémoires sur le siège de Malte par les Ottomans. Voyant que ces pièces officielles n'arrivoient pas, il prit le parti de continuer son travail, en ne consultant que son imagination. Comme il venoit de terminer son histoire, et qu'il alloit livrer son manuscrit à l'impression, il reçut ces mémoires., " J'en suis fâché," dit-il à un de ses amis, " mais mon siège est terminé, je ne le recommencerai pas."

qu'à son départ pour l'Allemagne. Elle a donc puisé dans la meilleure source les différens faits qu'elle va soumettre au public, puisqu'elle en a vu elle-même la plus grande partie. Quant au surplus, la place qu'elle occupoit lui donnoit avec les personnes de la cour des relations auxquelles elle a dû des renseignemens qui étoient hors de la portée du public. On peut donc compter d'autant plus sur sa véracité, qu'elle n'a rien ni à espérer ni à craindre, et qu'elle n'a aucun motif ni pour flatter ni pour dénigrer. Son principal désir a été d'offrir à ceux qui voudront un jour tracer un tableau impartial du règne de Napoléon, quelques traits sur l'exactitude desquels ils puissent compter.

La seconde partie contient des anecdotes sur les mêmes personnages qu'on aura vu figurer dans la première. Elles ont été recueillies par un homme qui avoit des liaisons intimes avec plusieurs personnes attachées soit à la cour de Napoléon, soit à l'intérieur de sa maison, et il n'y a admis que ce qui doit être regardé comme certain et authentique. Une grande portion des anecdotes contenues dans cette seconde partie, sont imprimées ici pour la première fois.

MÉMOIRES

SUR

LA COUR

DE

NAPOLÉON BONAPARTE.

—

PREMIÈRE PARTIE.

—

NAPOLÉON ET MARIE LOUISE.

ANECDOTES,

PREMIÈRE PARTIE.

On étoit à la fin de 1809 ; Napoléon venoit de cueillir de nouveaux lauriers : rien ne manquoit à sa gloire, mais il manquoit à son ambition un héritier. Il ne pouvoit plus en espérer de son union avec Joséphine, et la mort venoit de moissonner le fils aîné de son frère Louis. On regardoit généralement cet enfant comme devant être le successeur de son oncle ; on alloit même jusqu'à dire qu'il étoit son fils, et que l'empereur n'avoit donné Hortense Beauharnois en mariage à Louis, que pour cacher le résultat de ses liaisons avec elle. A l'appui de ce qui ne pouvoit être qu'une conjecture, on disoit que Louis n'avoit jamais pu souffrir sa femme, et c'est ainsi que la vérité sert quelquefois à propager le mensonge. Il est certain que Napoléon n'eut jamais de commerce illicite avec Hortense Beauharnois qu'il aimoit, comme Eugène, parce qu'ils étoient les enfans de son épouse. Dans les divers mariages qu'il décida, soit dans sa propre famille, soit même parmi les personnes de sa cour, jamais il ne consulta l'inclination des parties. Il n'écoutoit que les convenances, sa volonté étoit un ordre absolu. Louis dut s'y soumettre comme un autre, et il fut obligé d'épouser Hortense quand il étoit éperdument amoureux de Mlle. Tascher qui fut unie par la suite au Prince d'Aremberg. De là vint l'éloignement de Louis pour une femme dont le caractère étoit aimable, et qui fit inutilement les plus grands efforts pour le ramener à elle. Jamais celui-ci ne pardonna à son frère la violence qu'il avoit faite à son inclination. L'aigreur régna entre eux depuis ce temps. Si Napoléon plaça Louis sur le trône de Hollande, ce fut, non par affection, mais par ambition personnelle, par le désir d'illustrer sa famille. Le nouveau roi qui ne l'ignoroit pas, conserva son ressentiment sur le trône où l'on venoit de le placer, et lorsqu'après la mort de son fils aîné, l'empereur lui demanda le second pour l'adopter, il ne voulut jamais y consentir.

Napoléon qui ambitionnoit la gloire d'être le fondateur d'une quatrième dynastie royale en France, vouloit pourtant un héritier, et un héritier qu'il pût former de bonne heure à ses maximes. Dès cette époque, il songea à un divorce, mais quoiqu'il méprisât déjà les hommes, il avoit encore quelque respect pour l'opinion publique. Il eut soin de laisser cette idée se répandre, quoiqu'il affectât de la démentir, et il vit qu'il pourroit se permettre cette démarche quand bon lui sembleroit, sans heurter d'une manière trop sensible les sentimens de ses sujets. Joséphine disputa le terrein quelque temps. Elle étoit universellement aimée; on la nommoit la bonne étoile de l'empereur, et elle avoit sur lui autant d'ascendant qu'il étoit possible d'en obtenir. Elle avoit d'ailleurs tant de grâces et d'amabilité, elle savoit si bien saisir tous les moyens de plaire, qu'elle détournoit souvent bien des orages, et sembloit seule avoir le don de calmer un caractère naturellement impérieux et irascible.

La fortune avoit pourtant prononcé sa chute, et une fatalité remarquable la décida. L'empereur revenant de Vienne, lui avoit fait dire de venir le joindre à Fontainebleau. Elle étoit habituée à ces rendez-vous qu'elle regardoit comme des ordres, et jamais elle n'avoit manqué d'y arriver la première. Napoléon cette fois la prévint de six heures. Mécontent de l'avoir attendue si long-temps, il lui fit des reproches dans lesquels il ne ménagea pas les termes. Joséphine blessée laissa aussi échapper quelques paroles un peu dures ; on se dit de ces choses que rien ne répare et que rien ne fait oublier. Le mot de divorce fut prononcé. Depuis ce moment il fut l'objet des pensées sérieuses de l'empereur ; il eut lieu quatre mois après, et fut peut-être l'origine de sa chute, par l'essor immodéré que son second mariage donna à son ambition.

Dès que ce divorce fut prononcé, toute l'Europe eut les yeux fixés sur la France, et l'on formoit mille conjectures pour savoir quelle seroit la souveraine qui viendroit y régner. Savary, duc de Rovigo, fut envoyé en Russie pour faire la demande d'une sœur de l'empereur Alexandre. Cette négociation paroissoit même sur le point de réussir, quand l'impératrice douairière la fit échouer en déclarant formellement que jamais elle ne consentiroit à cette alliance. Le public cherchoit encore dans les diverses cours de l'Europe quelle princesse pouvoit être destinée à porter la couronne impériale de France, quand on apprit que Napoléon avoit obtenu celle à qui personne n'avoit songé, une princesse du sang d'Autriche, une petite nièce de Marie Antoinette.

Berthier, prince de Neufchatel, qui avoit négocié ce mariage, reçut à Vienne la bénédiction nuptiale, comme chargé de la procuration de l'empereur, et bientôt la route de Strasbourg fut couverte de voitures qui conduisoient la maison de la nouvelle impératrice à Braunaw, où elle devoit congédier la sienne.

Marie Louise avoit alors dix-huit ans et demi. Une taille majestueuse, une démarche noble, beaucoup de fraîcheur et d'éclat, des cheveux blonds qui n'avoient rien de fade, des yeux bleus, mais animés ; une main et un pied qui auroient pu servir de modèles, un peu trop d'embonpoint peut-être, défaut qu'elle ne conserva pas long-temps en France ; tels étoient les avantages extérieurs qu'on remarqua d'abord en elle. Rien n'étoit plus gracieux, plus aimable que sa figure quand elle se trouvoit bien à l'aise, dans l'intimité, ou au milieu de personnes avéc lesquelles elle étoit particulièrement liée ; mais dans le grand monde, et surtout dans les premiers momens de son arrivée en France, sa timidité lui donnoit un air d'embarras que bien des gens prenoient mal à propos pour de la hauteur. Elle avoit reçu une éducation très-soignée ; ses goûts étoient simples, son esprit cultivé, elle s'exprimoit en François presque avec autant d'aisance qu'en sa langue naturelle. Calme, réfléchie, bonne et sensible, quoique peu démonstrative, elle avoit tous les talens agréables, aimoit à s'occuper, et ne connoissoit pas l'ennui. Nulle femme n'auroit pu mieux convenir à Napoléon. Douce et paisible, étrangère à toute espèce d'intrigues, jamais elle ne se mêloit des affaires publiques, et elle n'en étoit instruite le plus souvent que par la voie des journaux. Pour mettre le comble au bonheur de Napoléon, le destin voulut que cette jeune princesse qui auroit pu ne voir en lui que le persécuteur de sa famille, l'homme qui l'avoit obligée deux fois à fuir de Vienne, se trouvât flattée de captiver celui que la renommée proclamoit comme le héros de l'Europe, et éprouvât bientôt pour lui le plus tendre attachement.

Parmi le nombre des personnes qui l'attendoient à Braunaw, il s'en trouvoit plusieurs qui avoient connu Marie Antoinette. Toutes se représentoient le chagrin que devoit éprouver Marie Louise en venant s'asseoir sur un trône arrosé du sang de sa grand'tante ; on calculoit l'âge de l'empereur ; on s'attendoit à trouver une victime, à voir couler des larmes ; on se préparoit à lui montrer de l'intérêt, ou du moins à en prendre le masque, ce qui est la même chose à la cour. La princesse arriva : son abord n'eut rien de triste ni de lugubre ; elle se montra gracieuse envers tout le monde, et elle eut le talent de plaire presque généralement. Elle ne quitta pas sans attendrissement les personnes qui l'avoient accompagnée de Vienne, mais elle s'en sépara avec courage. Au moment où elle monta dans la voiture qui devoit la conduire à Munich, le grand-maître de sa maison, vieillard de 65 ans qui l'avoit suivie jusques là, éleva ses mains jointes vers le ciel, en ayant l'air de l'implorer en faveur de sa jeune maîtresse. En la bénissant comme l'auroit fait un père, ses yeux annonçoient une âme pleine de grandes pensées et de tristes souvenirs. Ses larmes en arrachèrent à tous les témoins de cette scène attendrissante. De tout son cortège Autrichien, il ne resta auprès de Marie Louise que sa grande-maîtresse, Madame de Lajeski, à laquelle on avoit permis de l'accompagner à Paris. Elle partit donc accompagnée de sa nouvelle maison, et sans connoître une seule des personnes qui la formoient.

Il faut ici dire un mot sur la manière dont cette maison étoit composée. La princesse Caroline, Mme. Murat alors reine de Naples, sœur de l'empereur, avoit été chargée de l'organiser et en remplissoit les fonctions de surintendante. La duchesse de Montebello, belle, sage, mère de cinq enfans, et qui avoit perdu son mari à la dernière bataille, avoit été nommée dame d'honneur; foible dédommagement que l'empereur avoit cru devoir lui accorder pour la perte d'un époux. La comtesse de Luçay, douce, bonne, ayant le meilleur ton et l'usage de la cour, étoit sa dame d'atours. Je ne parlerai pas des dames du palais, que leurs fonctions, entièrement subordonnées à l'étiquette, rapprochoient rarement de la personne de l'impératrice. Chacune d'elles avoit pourtant ses prétentions, ou plutôt toutes n'avoient qu'un seul but, celui de supplanter leurs rivales dans la faveur de leur souveraine. Leurs intrigues et leurs plaintes portèrent la reine de Naples à un acte de despotisme que sa belle sœur ne lui pardonna jamais.

Mme. Murat se croyoit destinée à prendre sur Marie Louise un très-grand ascendant, et avec une conduite plus adroite il est possible qu'elle l'eût obtenu. M. de Talleyrand disoit d'elle qu'elle avoit la tête de Cromwell sur le corps d'une jolie femme. Née avec un grand caractère, une tête forte, de grandes idées, un esprit souple et délié, de la grâce, de l'amabilité, séduisante au delà de toute expression, il ne lui manquoit que de savoir cacher son amour pour la domination, et quand elle n'atteignoit pas son but, c'étoit pour vouloir y arriver trop tôt. Dès le premier instant qu'elle vit la princesse d'Autriche, elle crut avoir deviné son caractère, et elle se trompa complètement. Elle prit sa timidité pour de la foiblesse, son embarras pour de la gaucherie; elle crut n'avoir qu'à commander, et elle aliéna d'elle le cœur sur lequel elle prétendoit dominer.

La présence de Mme. de Lajeski avoit excité la jalousie et les craintes de presque toutes les dames de la maison de l'impératrice. Elles voyoient déjà cette étrangère accaparer tous les sourires de leur souveraine, obtenir toutes les grâces, recueillir toutes les faveurs. Elles intriguèrent, elles cabalèrent, elles dirent à la reine de Naples qu'elle n'obtiendroit jamais ni la confiance ni l'affection de sa belle sœur, tant que celle-ci conserveroit près d'elle une personne qui jouissoit d'un crédit acquis par plusieurs années de soins et d'intimité. La dame d'honneur se plaignit que ses fonctions se réduiroient à rien si la princesse gardoit auprès d'elle une étrangère qui lui tiendroit lieu de tout. Enfin on décida la reine à demander à Marie Louise le renvoi à Vienne de sa grande-maîtresse, quoique on lui eût promis de la laisser près d'elle pendant un an. La princesse qui désiroit sincèrement gagner l'affection des personnes avec lesquelles elle alloit vivre, n'opposa point de résistance, et Mme. de Lajeski retourna de Munich à Vienne, emportant avec elle un petit chien appartenant à Marie Louise, et dont on avoit aussi exigé le renvoi, sous prétexte que l'empereur s'étoit souvent plaint que ceux de Joséphine étoient insupportables. La princesse fit avec courage tous ces sacrifices dont l'odieux retomba sur la reine de Naples, les dames qui l'avoient excitée à les demander n'ayant pas manqué de chercher à se disculper en le rejetant sur elle.

L'impératrice marchoit à petites journées, et une fête lui étoit préparée dans chaque ville où elle passoit. A Munich on lui remit une lettre de Napoléon, et les choses avoient été arrangées de manière que tous les matins, à son lever, un page arrivant de Paris lui en apportoit une nouvelle. Elle y répondoit avant son départ, et un page repartoit pour la capitale de la France avec sa réponse. Ce commerce épistolaire dura pendant tout le voyage qui fut de quinze jours, et l'on remarqua que Marie Louise lisoit chaque jour avec plus d'intérêt les billets doux qui lui étoient remis. Elle les attendoit avec impatience, et si quelque circonstance retardoit l'arrivée du courier, elle demandoit à plusieurs reprises s'il n'étoit pas encore venu, et quel obstacle probable avoit pu l'arrêter. Il faut croire que cette correspondance n'étoit pas sans intérêt, puisqu'elle faisoit déjà naître un sentiment qui ne tarda pas à acquérir une grande force.

De son côté Napoléon brûloit du désir de voir sa jeune épouse. Sa vanité étoit plus flattée de ce mariage qu'elle ne l'auroit été de la conquête d'un empire, et ce qui le charmoit encore davantage, c'est qu'il savoit que Marie Louise y avoit consenti volontairement, et non en princesse qui se sacrifie à la raison d'état, à de grands intérêts politiques. On l'entendit plusieurs fois maudire le cérémonial et les fêtes qui retardoient cette entrevue si désirée, et qui devoit avoir lieu à Soissons, où un camp avoit été formé pour la réception de l'impératrice. Ne pouvant modérer son impatience, l'empereur s'y rendit vingt-quatre heures avant l'arrivée de son épouse, et dès qu'il apprit qu'elle n'en étoit plus qu'à dix lieues, il partit avec le roi de Naples pour aller au-devant d'elle. Les deux voitures se rencontrèrent à quatre lieues de Soissons ; l'empereur descendit de la sienne, on ouvrit la portière de celle de l'impératrice, et il s'y précipita plutôt qu'il n'y monta. Le prince de Neufchatel avoit remis à Marie Louise un portrait de Napoléon. Elle l'avoit regardé si souvent que ses traits lui étoient devenus familiers, et elle le reconnut sans l'avoir jamais vu. Aux premiers complimens, succéda un instant d'examen et de silence, et l'impératrice le rompit la première d'une manière flatteuse pour l'empereur, en lui disant : " Sire, votre portrait n'est pas flatté." Il l'étoit pourtant, mais ou cette phrase étoit un de ces complimens dictés par l'usage de la cour, ou elle ne le voyoit qu'avec des yeux prévenus en sa faveur. Quant à Napoléon, il dit hautement et à tout le monde qu'il la trouvoit charmante. On ne s'arrêta que quelques instans à Soissons, où il avoit été décidé qu'on coucheroit, et l'on se rendit à Compiègne où l'on arriva vers le soir. Ce que peu de personnes ont pu savoir, c'est que l'empereur passa cette nuit avec sa nouvelle épouse. Peu de personnes furent dans la confidence parce que cela étoit contraire à l'étiquette, du reste aucun scrupule de conscience ni de morale ne s'y opposoit, puisque le mariage avoit été valablement célébré à Vienne, et que la cérémonie qui devoit avoir lieu à Paris n'en étoit que la ratification.

Napoléon étoit alors âgé de quarante et un ans. Dans sa jeunesse il étoit fort maigre, avoit le teint olivâtre, la figure longue, les yeux couverts, portoit les cheveux coupés *en oreilles de chien*, enfin tout l'ensemble de sa physionomie n'étoit rien moins qu'agréable. Les années dont chacune, à l'expiration de notre printemps, emporte avec elle quelqu'un de nos agrémens, loin de produire cet effet sur lui, n'avoient causé qu'un changement qui lui étoit favorable. L'embonpoint qu'il avoit acquis faisoit paroître sa figure plus arrondie, et sa peau plus blanche. Ses yeux avoient pris de l'éclat, et sa physionomie de la noblesse, par l'habitude du pouvoir. Il avoit d'ailleurs la main, la jambe et le pied taillés sur le moule le plus parfait, et la princesse remarqua d'elle-même ce dernier avantage. Pendant les trois premiers mois qui suivirent son mariage, il passoit auprès de l'impératrice les jours et les nuits. Les affaires les plus urgentes pouvoient à peine l'en arracher quelques instans. Lui qui aimoit le travail de passion, qui travailloit quelquefois avec différens ministres huit à dix heures de suite, sans en être fatigué, qui lassoit successivement plusieurs secrétaires, il convoquoit maintenant des conseils auxquels il n'arrivoit que deux heures après qu'ils étoient assemblés, il ne donnoit plus d'audiences particulières, et il falloit l'avertir plusieurs fois pour celles qu'il ne pouvoit se dispenser d'accorder à ses ministres. On étoit surpris d'un tel changement, les ministres se plaignoient tout bas, les vieux courtisans observoient, et disoient que cet état étoit trop violent pour pouvoir durer. L'impératrice seule ne doutoit pas de la durée d'un sentiment qu'elle partageoit et qui faisoit son bonheur.

Napoléon n'avoit pas toujours été aimable dans son intérieur. Il avoit souvent des crises de colère et de violence que toute l'adresse de Joséphine ne pouvoit modérer. C'étoit un torrent qu'aucune digue n'arrêtoit et qui ne cessoit de couler que par l'épuisement de ses eaux. Il étoit contrariant, aimoit à mortifier, et cependant quand il vouloit dire une chose obligeante, ce qui lui arrivoit très-rarement, personne ne s'en acquittoit mieux. Quand il n'avoit pas pris son parti, il écoutoit volontiers les conseils, et savoit parfaitement distinguer quel étoit le meilleur ; mais quand une fois il avoit formé une résolution, le moindre obstacle l'irritoit, la moindre observation le mettoit en fureur, et si la contradiction devenoit trop vive, il frappoit du pied, se battoit la tête avec le poing, et finissoit même quelquefois par se rouler par terre comme un homme privé de raison. C'est de là qu'a pris naissance le conte si souvent répété des prétendus accès d'épilepsie auxquels on le disoit sujet. Il éprouvoit par fois des crispations nerveuses, la colère lui donnoit de violentes convulsions, mais jamais il n'eut une seule attaque, ni même un symptôme de cette maladie. Joséphine avoit été souvent témoin de pareilles scènes. Il paroît que devenu époux d'une jeune princesse, il s'appliqua à écarter de ses yeux un pareil spectacle, car les personnes attachées à l'impératrice n'en virent jamais un seul exemple pendant tout le temps que dura leur service. Mais il n'en continua pas moins à se livrer à ses emportemens, hors de sa présence, et c'étoit souvent en les frappant du poing ou du pied qu'il répondoit aux observations de ses ministres et de ses conseillers.

Il méprisoit les hommes, parce que ceux qu'il voyoit autour de lui étant presque tous vils et corrompus, il ne pouvoit concevoir qu'une idée désavantageuse du genre humain. " J'aime beaucoup Savary," disoit-il un jour, " parce que, si je le lui ordonnois, il " assassineroit père et mère." Mais ce propos en prouvant qu'il le regardoit comme un instrument utile à sa puissance, n'annonce nullement qu'il l'estimât. Au surplus il falloit ce dévouement aveugle et absolu pour conserver ses bonnes grâces, et l'on ne cite guères que Berthier, Duroc et Caulaincourt, qui l'ayent plusieurs fois contrarié, sans rien perdre de leur faveur auprès de lui. Il étoit sûr de l'attachement des deux premiers, et le troisième lui avoit donné la preuve d'un dévouement qu'on trouva avec raison porté à un excès condamnable.   C'est le cas d'en dire ici quelques mots.

Lorsque Bonaparte, encore premier consul, ne trouva pas ce titre suffisant à son ambition, et voulut placer sur sa tête une couronne impériale, il trouva d'abord une forte résistance dans sa propre famille. Sa mère, le cardinal Fesch et son frère Lucien firent en vain les plus grands efforts pour le faire renoncer à cette idée.   A la suite de ces débats, les deux premiers allèrent passer quelque temps à Rome. Le troisième, presque aussi fougueux que son frère, après une scène violente dans laquelle il lui prédit en partie tout ce qui lui est arrivé depuis ce temps, le quitta en lui jurant qu'il ne vivroit jamais sous son despotisme. Il partit effectivement peu de jours après avec toute sa famille, et ne revint en France que lors des cent jours. Murat n'avoit été nommé roi de Naples qu'au refus de Lucien qui, lorsque son frère lui proposa cette couronne, lui répondit fièrement que s'il acceptoit le titre de roi, il voudroit être le seul maître de son royaume, et pouvoir le gouverner, non comme un préfet, mais en prince indépendant. Lors du mariage de l'empereur avec Marie Louise, Lucien avoit sept enfans, deux issus d'un premier mariage, et cinq fruits de l'union qu'il avoit contractée avec la veuve d'un négociant, et que Napoléon avoit toujours refusé de reconnoître. A l'époque dont je parle, Mme. Murat avoit, à force de prières, obtenu que l'aînée, nommée Charlotte, fut appelée en France. Elle logeoit chez la mère de l'empereur, et celui-ci dans la suite avoit conçu le projet de la donner en mariage au prince des Asturies en le rétablissant sur le trône d'Espagne. Malheureusement pour cette jeune personne, elle écrivit à son père une lettre où Napoléon n'étoit pas ménagé. Elle fut interceptée ; on la montra à l'empereur, et dans le premier mouvement de sa colère, mouvement auquel il résistoit rarement, il renvoya sa nièce à Lucien.

J'ai rapporté les anecdotes qui précèdent parce que je ne prévois plus avoir occasion de parler de Lucien ; je reviens maintenant au projet conçu par Bonaparte de se faire déclarer empereur. La résistance de sa famille l'inquiétoit peu, mais il trouvoit une opposition plus sérieuse dans le parti des jacobins et dans celui des républicains. Le nom de roi ou d'empereur étoit odieux aux uns comme aux autres, ils étoient encore attachés à ce fantôme d'égalité auquel ils avoient élevé des autels. Ils n'osoient pourtant pas dire ouvertement qu'ils refusoient de reconnoître Bonaparte pour souverain, et tout en le haïssant, ils le combloient des plus basses adulations. Ils feignirent de croire qu'il ne vouloit rétablir le trône que pour en rouvrir le chemin aux Bourbons, et jouer en France le rôle que Monck avoit autrefois joué en Angleterre. Ils motivèrent sur ce prétexte leur résistance opiniâtre, et Cambacérès et Fouché spécialement chargés d'applanir les voies qui devoient conduire le premier consul au trône, lui firent connoître les craintes et la méfiance que son projet faisoit naître. Il est probable que Bonaparte qui connoissoit à fond les gens qui affectoient cette inquiétude, ne fut pas dupe de leurs prétendus soupçons ; mais il vouloit régner à tout prix, et il falloit pour cela leur ôter ce prétexte de résistance à ses volontés. Il résolut donc de leur donner un gage de haine irréconciliable entre les Bourbons et lui, et l'infortuné duc d'Enghien fut la victime dont sa politique fit choix. Il chargea Caulaincourt de son arrestation, et quoi qu'en ait pu dire celui-ci, il accepta cette mission, peut-être avec une répugnance secrète, mais bien certainement sans hésiter. Une preuve évidente de cette vérité, c'est que la reine Hortense qui fit les plus vives instances auprès de son frère pour qu'il laissât la vie à ce prince, lui dit entre autres choses que sa mort déshonoreroit Caulaincourt qui ayant été le compagnon de son enfance, et devant tout à la maison de Condé, avoit été l'arrêter en pays étranger. " Que ne m'en a-t-il informé ?" répondit Bonaparte, " j'en aurois chargé un autre."

Napoléon avoit pourtant aussi ses momens de gaieté, mais elle se manifestoit d'une manière singulière : c'étoit en tirant les oreilles, en pinçant les joues et les bras des personnes qu'il affectionnoit, ou en leur donnant de petits soufflets.   C'étoit ainsi qu'il en agissoit souvent avec Duroc, Berthier, Savary et quelques-uns de ses aides-de-camp, leur donnant en même temps les épithètes de *grosse bête,* de *butor,* &c. le tout par plaisanterie.   Ce genre de familiarité paroissoit fort étrange à Marie Louise, et plus encore quand elle-même en étoit l'objet.   L'empereur venoit souvent à sa toilette, et ne manquoit presque jamais de lui donner quelqu'une de ces marques d'amitié.   Il arriva un jour qu'il la pinça au bras un peu plus fort qu'il n'en avoit probablement l'intention.   Elle se leva en poussant un grand cri.   Napoléon sans se déconcerter, lui pinça légèrement l'autre bras, l'appela *grosse bête,* la prit dans ses bras, l'embrassa trois à quatre fois, et la paix fut scellée de cette manière. Mme. de Montebello étoit presque la seule personne de la cour qui osât le repousser d'un air d'humeur, quand il vouloit se permettre avec elle de semblables plaisanteries.

Un jour qu'il entroit dans un des sallons de l'impératrice, il y trouva une je e personne qui y étoit assise, le dos tourné vers la porte. Il fit signe à ceux qui se trouvoient en face de lui de garder le silence, et s'avançant doucement derrière elle, il lui cacha les yeux avec ses mains. Elle ne connoissoit que M. Bourdier, homme âgé et respectable, attaché à l'impératrice en qualité de premier médecin, qui pût se permettre une telle familiarité avec elle, aussi ne douta-t-elle pas un instant que ce ne fût lui. " Finissez donc, M. Bourdier," s'écria-t-elle, " croyez-vous que je ne reconnoisse pas vos grosses vilaines mains ?"—" De grosses vilaines mains !" répéta l'empereur, en lui rendant l'usage de la vue, " vous êtes difficile !" La pauvre jeune personne fut si confuse, qu'elle fut obligée de se réfugier dans une autre pièce.

Un jour qu'il étoit dans la chambre de l'impératrice pendant qu'on l'habilloit, il marcha sans le vouloir sur le pied de la dame qui présidoit à la toilette, et se mit à l'instant à pousser un grand cri, comme s'il se fût blessé lui-même. " Qu'avez-vous donc ?" lui demanda vivement l'impératrice. " Rien," répondit-il en partant d'un éclat de rire, " j'ai marché sur le pied de madame, et j'ai crié pour l'empêcher de le faire elle-même. Vous voyez que cela m'a réussi."

Un grand plaisir de Napoléon étoit d'embarrasser ceux avec lesquels il causoit, et de leur adresser des questions captieuses pour les mettre en défaut. Cela lui étoit d'autant plus facile qu'il avoit des connoissances superficielles en tout genre ; il n'existoit aucun art, aucune science dont il ne pût parler, et dont il ne connût quelques termes techniques. Or quand il pouvoit se montrer plus savant que celui qu'il interrogeoit sur l'objet qu'il auroit

dû particulièrement connoître, c'étoit un triomphe dont il ne manquoit pas de se prévaloir,
et pour se le procurer, il abusoit sans pitié de
l'embarras et de la timidité que sa présence
faisoit naître souvent. Peu de temps après la
promulgation du code qui porte son nom, il
signoit le contrat de mariage de la fille du
docteur Boyer, son premier chirurgien. "Ce
contrat est sans doute fait suivant la coutume
de Paris ?" dit l'empereur au notaire qui le
lui présentoit. "Non, sire," répondit celui-
ci, "il est fait suivant le code Napoléon." Il
avoit eu la présence d'esprit de s'apercevoir
du piége que lui tendoit l'empereur qui, s'il
lui eût répondu affirmativement, n'eût pas
manqué de lui faire observer que le code Napoléon avoit abrogé la coutume de Paris.

On a rapporté plusieurs traits de bienfaisance et de bonté de Napoléon qui sont trop
connus pour que je les répète ici. En voici
un qui je crois n'a jamais été cité. Etant
à la chasse dans la forêt de Compiègne, il
étoit descendu de cheval, et se promenoit

accompagné seulement de Caulaincourt. Il rencontra deux bucherons qui, fatigués de leur travail, se reposoient un instant assis sur un tronc d'arbre.   Ils avoient servi dans les troupes Françoises qui avoient fait la guerre en Egypte.   L'un des deux reconnut l'empereur et se leva aussitôt.   Caulaincourt voulut faire lever l'autre.   " Non," dit Napoléon, " non.   Ne voyez-vous pas qu'ils sont " fatigués ? "   Il fit rasseoir celui qui étoit debout, s'assit lui-même quelques instans sur le même tronc d'arbre, causa avec eux de l'expédition d'Egypte et de leurs affaires particulières, et ayant appris que l'un d'eux n'avoit pas obtenu de pension de retraite, il la lui accorda, et donna dix Napoléons à chacun en les quittant.

Il n'étoit point jaloux, et cependant il avoit entouré sa jeune épouse d'une foule d'entraves qui ressembloient aux précautions de la jalousie.   Elles avoient pourtant leur principe dans des idées plus libérales.   Il connoissoit les mœurs relâchées de sa cour, et il voulut organiser à l'impératrice un intérieur qui la rendît inaccessible au plus léger soupçon. Indépendamment de la dame d'honneur et de la dame d'atours qui avoient seules le droit d'entrer à toute heure chez elle, et des dames du palais qui ne s'y rendoient qu'aux heures consacrées par l'étiquette, sa maison étoit composée de six dames qui portoient d'abord le titre de *dames d'annonce*, parce qu'elles étoient chargées d'annoncer les personnes qui se présentoient, mais qui furent ensuite nommées *premières dames de l'impératrice*, parce qu'elles étoient véritablement chargées de tout le service intérieur. L'une d'elles avoit sous sa garde les robes, une autre le linge, une troisième les bijoux, etc. et je me rappelle à ce sujet une anecdote qui fait honneur à la bonté du cœur de Marie Louise. Comme elle faisoit sa toilette, un jour où il devoit y avoir grand cercle à la cour, elle demanda ses diamans. La dame qui avoit la garde des bijoux chercha vainement la clef de la cassette qui contenoit les diamans, elle fut obligée d'avouer à l'impératrice qu'elle ne la trouvoit point. "Eh bien," dit Marie Louise, avec un ton où il perçoit un peu d'humeur, "donnez-moi donc mes perles." A peine la parure de perles étoit elle placée que l'empereur arriva chez elle. Il remarqua qu'elle n'avoit pas ses diamans et lui en demanda la raison. Le mouvement d'humeur de l'impératrice étoit déjà passé. Au lieu de répondre directement à cette question. " Ne suis-je donc pas bien comme cela ?" lui demanda-t-elle. " Très-bien ! toujours bien !" répondit Napoléon, et il changea de conversation. Elle connoissoit déjà le caractère altier et irascible du souverain de la France : elle savoit qu'il ne pardonnoit pas la plus légère négligence, etque s'il avoit appris celle de la dame chargée de la garde des bijoux, il l'auroit sévèrement réprimandée, si même il ne l'avoit disgraciée. De pareils traits qui ne seroient rien dans l'histoire d'un particulier sont honorables dans celle d'une souveraine habituée à voir ses moindres volontés exécutées à l'instant même,

Ces six dames avoient été tirées pour la plupart de la maison impériale d'Ecouen, établissement formé par Napoléon pour l'éducation d'un certain nombre de filles de militaires, et qui étoit mieux tenu que ne l'avoit jamais été St. Cyr.   Cinq d'entre elles étoient veuves ou filles de colonels ou de généraux. Elles avoient sous leurs ordres six femmes de chambre subalternes, mais celles-ci n'entroient chez l'impératrice que lorsque la sonnette les y appeloit, au lieu que les premières dames, dont quatre étoient de service tous les jours, passoient auprès d'elle la journée toute entière. Elles entroient chez l'impératrice avant qu'elle fût levée, et ne la quittoient plus qu'elle ne fût couchée.   Alors toutes les issues donnant dans sa chambre étoient fermées, une seule exceptée qui conduisoit dans une autre chambre où couchoit celle de ces dames qui avoit le principal service de la semaine, et l'empereur même ne pouvoit entrer la nuit chez son épouse sans y passer. Pas un homme, à l'exception des officiers de santé, n'étoit admis dans les appartemens de l'impératrice sans un ordre exprès de Napoléon. Les dames même, excepté la dame d'honneur et la dame d'atours, n'y étoient reçues qu'après avoir obtenu d'abord un rendez-vous de Marie Louise. Les dames premières étoient chargées de faire exécuter ces règlemens et étoient responsables de leur exécution. Une d'elles au moins accompagnoit partout l'impératrice, et assistoit aux leçons qu'elle prenoit de musique, de dessin, de broderie, &c. ; quelques personnes qui fussent avec elle, une dame première restoit toujours dans le même appartement. Cette vie étoit pénible sans doute, mais elles avoient pris à Ecouen l'habitude d'une vie recluse et solitaire; les bontés que leur témoignoit leur souveraine en adoucissoit les désagrémens, et elles la servoient par affection encore plus que par devoir. Du reste toutes leurs démarches étoient surveillées, leur correspondance étoit examinée, elles ne pouvoient ni dire un mot, ni faire un pas qui ne fut connu du maître, car il y avoit au château un double systême d'espionnage, l'un conduit par le ministre de la police, et l'autre dirigé par l'empereur lui-même.

La même étiquette s'observoit dans tous les voyages de la cour, toujours une des premières dames couchoit dans une chambre à côté de celle de l'impératice, et par laquelle il falloit nécessairement passer pour y entrer. Une nuit, à la Haye, la dame qui étoit de service pour la nuit avoit fait placer son lit de façon que l'empereur pût entrer librement dans la chambre de son épouse, s'il le vouloit. Il y vint effectivement. La dame feignit de dormir, et à quelques mots que l'empereur prononça à demi voix, elle crut comprendre qu'il trouvoit le passage mal gardé. La nuit suivante elle fit placer deux matelats en travers de la porte. Napoléon vint encore, vit ce changement de disposition, en parut satisfait, dit qu'il falloit continuer à agir de même et enjamba par dessus les matelats.

Mme. de Montebello dame d'honneur, et Mme. de Luçay dame d'atours, alloient tous les matins passer une heure ou deux avec l'impératrice : mais jamais ces deux dames ne purent se souffrir. On seroit tenté de croire qu'il y a une fatalité attachée à ces deux places. Jamais, dans aucun temps, les dames qui les ont remplies à la cour de France n'ont pu vivre en paix ensemble. Les mémoires de Mme. de Motteville prouvent la vérité de cette observation.

Mme. de Luçay née d'une famille distinguée, avoit reçu la meilleure éducation. Elle étoit douce, modeste, incapable de nuire à qui que ce fût, aimant à rendre service, possédant enfin le ton, l'usage et la tenue convenables pour vivre à la cour.

Mme. de Montebello étoit sortie de la classe bourgeoise. Mme. Guéhéneuc, sa mère, femme estimable d'ailleurs, avoit présidé à l'éducation de sa fille, et n'avoit pu lui donner que celle qu'elle avoit reçue elle-même. Elle parut à la cour comme épouse

du général Lanne. Elle avoit une figure de
vierge, un air de grande douceur, et elle plut
généralement, quoiqu'elle eût dans le caractère beaucoup de froideur et de sécheresse.
On la vit très-peu à la cour dans le commencement de son mariage, parce que Lanne
exigeoit qu'elle le suivît dans tous ses voyages. Né dans la classe du peuple, ce général avoit par des actions d'éclat mérité et obtenu la faveur et l'amitié de Napoléon. Sa
franchise étoit extrême, et il fut presque le
seul homme qui ne farda jamais sa pensée
devant l'empereur. Il détestoit souverainement l'ancienne noblesse et principalement
les émigrés ; il avoit fait l'impossible pour détourner Napoléon de les rappeler en France,
et surtout de les attacher à sa personne. Il
avoit même eu des querelles assez vives à ce
sujet avec l'impératrice Joséphine qui les pro-
tégeoit. Il ne cherchoit pas à cacher cette
aversion, et les émigrés qui en étoient instruits lui rendoient le même sentiment bien
cordialement. Un jour qu'il s'en trouvoit un

assez grand nombre dans un sallon des Tuileries que Lanne avoit à traverser pour se
rendre chez l'empereur, ils affectèrent de se
placer devant lui de manière à lui intercepter
le passage.   A l'instant le général tire son
sabre en jurant qu'il couperoit les oreilles à
quiconque l'empêcheroit de passer.   Dès-lors
il ne trouva plus d'obstacles, chacun s'empressa de s'écarter, car on n'ignoroit pas qu'il
étoit homme à tenir parole.

Un jour qu'il avoit inutilement fait de nouvelles instances à Napoléon pour l'engager à
n'admettre près de lui aucun émigré, il finit
par s'emporter, et le tutoyant, comme il le
faisoit quelques années auparavant, " tu n'en
" veux faire qu'à ta tête," lui dit-il, " mais
" tu t'en repentiras. Ce sont des traîtres. Tu
" les combleras de bienfaits, et ils t'assassi-
" neront s'ils en trouvent l'occasion." Cette
sortie lui valut un exil momentané.

Cette disgrace qu'il attribua encore aux
émigrés ne diminua pas sa haine contre eux.
Il n'est donc pas étonnant qu'il aît pu inspi-

rer les mêmes sentimens à sa femme, et elle donna dans la suite plus d'une preuve qu'elle les partageoit. Sa société intime n'étoit composée que de sa famille qui ne recevoit guères d'autre étranger que le docteur Corvisart, depuis premier médecin de l'empereur. M. Guéhéneuc étoit lié avec ce médecin par des rapports de goûts et d'habitudes, et cette compagnie n'étoit pas celle qu'on eût pu désirer pour une jeune femme. L'égoïsme et la cupidité de Corvisart avoient passé en proverbe ; M. Guéhéneuc aimoit la table et la bouteille, et quand il étoit un peu échauffé par le vin, il se permettoit souvent des propos que même une femme mariée n'auroit pas dû entendre. L'un et l'autre étoient sans délicatessè, sans élévation d'âme, et ne connoissoient d'autre dieu que l'or. Ils devinrent pourtant les guides et les conseillers de Mme. de Montebello, et peut-être sans les principes qu'elle puisa à leur école, elle auroit montré plus de noblesse dans ses sentimens, et affiché moins d'avidité. Personne ne connoissoit mieux qu'elle l'art de se faire faire des cadeaux. Quoiqu'elle fût très-riche, elle avoit engagé Corvisart à dire à Marie Louise qu'elle n'avoit que deux mille écus de rente (environ 250 livres sterling), elle rendoit de son côté le même service au docteur, en disant à l'impératrice qu'il étoit gêné dans ses affaires, et par ce moyen les diamans et les présens pleuvoient sur tous deux sans discontinuer. Lorsque Napoléon, en 1813, accorda à Mme. de Montesquiou une pension de 50,000 francs (environ £2,000), pour la récompenser des soins qu'elle avoit pour son fils, Mme. de Montebello en fut si furieuse, en conçut une telle jalousie, qu'elle ne laissa pas de repos à l'impératrice jusqu'à ce qu'elle eût obtenu pour elle de l'empereur la même faveur, quoiqu'elle n'eut rien fait pour la mériter, et qu'elle eût dû rougir de la solliciter.

Lorsque Napoléon créa une nouvelle noblesse, il accorda au général Lanne le titre de duc. Celui-ci n'en fut pas content, et il disoit hautement qu'il avoit mérité celui de prince, mieux que tous ceux qui l'avoient obtenu. Il affichoit surtout un profond mépris pour Murat, qui véritablement n'étoit qu'un soldat plein de bravoure, mais sans aucunes connoissances militaires. Le jour que celui-ci venoit faire ses remerciemens à l'empereur du titre de prince qui lui avoit été conféré, Lanne se trouvoit avec beaucoup d'autres militaires dans le salon de réception. Lorsque l'huissier ouvrit les deux battans de la porte en annonçant " le Prince Murat"— " Beau prince de mon c...!" dit tout haut le général en se tournant vers les autres personnes. Ce propos fut rapporté à Murat qui vouloit envoyer un cartel à Lanne, mais l'empereur le lui défendit, et ce fut à cette époque qu'il envoya Lanne en Portugal.

Mme. de Montebello n'étoit pas plus réservée dans ses discours que son mari. Elle ne pouvoit souffrir la mère de l'empereur. Un jour qu'elle venoit de lui faire une visite d'étiquette à l'occasion du jour de l'an, elle osa dire à l'impératrice, en présence de plusieurs dames attachées à son service, qu'elle étoit heureuse de n'avoir pas trouvé madame mère, mais qu'elle auroit désiré pouvoir écrire sur la carte qu'elle lui avoit laissée, que sa visite étoit destinée non pas à elle personnellement, mais à la mère de l'empereur. L'impératrice rougit en entendant cette sortie, mais elle eut la foiblesse de la souffrir, tant elle étoit aveuglée par son affection pour sa favorite.

Ces mots *madame mère* me rappellent une anecdote assez plaisante que je vais rapporter ici, quoi qu'elle y soit un peu déplacée, parce que je ne sais trop si je trouverois occasion de la consigner ailleurs, et qu'elle mérite d'être conservée. Un préfet d'un département éloigné de la capitale étant venu pour affaires à Paris, avoit reçu, dès le lendemain de son arrivée en cette ville, une invitation à dîner chez Cambacérès. Le palais de celui-ci étoit porte à porte avec celui de la mère de l'empereur. Le préfet se trompa de porte et au lieu d'entrer chez l'archichancelier entra chez madame. Le hasard voulut qu'elle reçût ce

jour là grande compagnie. Le préfet déclina
son nom, on l'introduisit dans un salon où
beaucoup de personnes étoient déjà réunies,
Il chercha des yeux Cambacérès, et ne l'ap-
percevant point, il prit place dans le cercle
sans adresser la parole à personne. " Excu-
" sez la liberté que je prends, monsieur," lui
dit un de ses voisins, " mais il me semble
" que vous n'avez pas été saluer madame."—
" Madame qui ?" dit le nouveau débarqué
qui savoit que Cambacérès n'étoit pas marié.
—" Madame mère," reprit son voisin.—
" Mère de qui ?" demanda le provincial.—
" Mère de S. M. l'empereur."—" Je ne suis
" donc pas chez Cambacérès ?" — " Vous
" êtes chez la mère de l'empereur." Le
pauvre préfet honteux et confus s'enfuit plus
vite qu'il n'étoit arrivé et n'eut pas même la
présence d'esprit d'offrir quelques excuses.
Depuis ce temps on ne le désigna plus que
par le sobriquet de *M. le préfet mère de qui.*

J'en reviens à la duchesse de Montebello.
Elle avoit paru très-rarement à la cour de la

première impératrice, parce qu'elle n'étoit
aimée ni de Joséphine ni des sœurs de l'empereur. La place de dame d'honneur de
Marie Louise l'y appelant tous les jours, elle
y apporta son cœur de glace, son ignorance
du monde, son défaut de tact et d'usage, et
sa haine invétérée contre tout ce qui tenoit à l'ancienne noblesse. Mais à sa hauteur et à sa sécheresse elle joignoit un esprit
souple et délié, et des dispositions au manège et à l'intrigue dont elle se servit
adroitement pour s'emparer de l'esprit et
du cœur de la princesse à qui elle étoit
attachée. Elle n'y réussit pas sur-le-champ.
Mais au bout de quelques mois de mariage,
Napoléon devint moins assidu auprès de sa
jeune épouse, reprit son goût pour le travail,
et rentra dans le cercle de ses occupations
ordinaires. Alors Marie Louise éprouva le
besoin d'avoir une amie. La duchesse écouta
avec complaisance les épanchemens de cœur
de sa souveraine, la plaignit, la consola, enfin s'insinua si bien dans sa confiance et dans

ses bonnes grâces, que l'impératrice sembloit n'exister qu'en sa présence. Elle craignoit l'ascendant de la reine de Naples; son premier soin fut donc d'inspirer à Marie Louise des préventions contre sa belle sœur. Elle lui rappela la manière dont elle avoit exigé le renvoi de Mme. de Lajeski; exagéra ses torts et lui en supposa; critiqua ses mœurs, rapporta les anecdotes vraies ou fausses qui circuloient sur son compte, en un mot elle l'avilit assez dans l'esprit de l'impératrice pour ne plus avoir à la redouter. Elle en agit de même à l'égard des autres sœurs de Napoléon, et de toutes les femmes de la cour. Dès que Marie Louise paroissoit en distinguer quelqu'une, elle devenoit le plastron des médisances ou des calomnies de la duchesse; Corvisart étoit alors son écho fidèle, et la scène finissoit par l'éloignement de la dame qui inspiroit des craintes à la favorite.

Ce manège fut répété si souvent, que l'impératrice finit par se persuader qu'excepté la duchesse de Montebello, il n'existoit pas à la cour une seule jeune femme dont la conduite fût irréprochable. Elle ne s'en attacha que plus fortement à elle. Peu de jours se passoient sans qu'elle lui fit quelques présens pour elle ou pour ses enfans, et la manière aimable avec laquelle elle savoit les faire en augmentoit encore le prix. C'étoit en quelque sorte l'impératrice qui faisoit la cour à la duchesse, et celle-ci loin d'en éprouver de l'émotion, de la reconnoissance, osoit encore se plaindre de l'esclavage qui lui étoit imposé, et qu'elle ne supportoit, disoit-elle, que pour l'intérêt de ses enfans.

Elle ne se permettoit de tels propos que parce qu'elle étoit bien sûre que personne n'oseroit les répéter, ou que si quelqu'un s'en avisoit, il ne seroit pas cru. Elle ne manquoit pourtant pas d'ennemis à la cour, et ce furent eux qui firent courir sur elle un bruit qui s'accrédita généralement dans le temps, et qui n'étoit cependant qu'une indigne calomnie. Ayant obtenu un congé pour sa santé, elle s'absenta quelque temps de la cour, et alla dans une de ses terres avec ses enfans. Les méchans ne manquèrent pas de dire qu'elle s'éloignoit pour cacher les suites d'une grossesse dont Napoléon étoit l'auteur. Quelques personnes le crurent, beaucoup feignirent de le croire, mais quiconque vouloit réfléchir n'y put ajouter foi un instant. Parmi les singularités qui caractérisoient l'empereur, il en est une bien remarquable. Il ne se bornoit pas, comme la plupart des hommes, à devenir indifférent pour les femmes dont il avoit obtenu les faveurs, il concevoit pour elles un éloignement qui alloit presque jusqu'à l'aversion. On n'en peut citer que deux qui firent exception à cette règle générale. Est-il donc croyable que, si ce fait eût été vrai, il eût souffert que Mme. de Montebello reprit ses fonctions auprès de l'impératrice, lui qui, en la nommant à cette place, avoit dit hautement qu'il la lui accordoit parce qu'il savoit qu'elle étoit véritablement *dame d'honneur ?*

L'instant où la duchesse se montra sous le

jour le plus favorable, fut l'époque de la naissance du fils de Napoléon. On sait que les couches de l'impératrice furent très-laborieuses. Mme. de Montebello resta neuf jours entiers dans la chambre de l'impératrice, presque sans la quitter. Elle passoit les nuits sur un canapé, enfin elle accomplit rigoureusement tout ce qu'on pouvoit attendre d'elle à titre de devoir ou d'affection.

En parlant de l'accouchement de l'impératrice, c'est le cas de donner quelques détails sur la naissance de cet enfant sur lequel on répandit alors les bruits les plus absurdes. Les uns prétendirent que l'impératrice n'avoit jamais été enceinte, et que son accouchement n'étoit qu'une comédie jouée pour fournir à Napoléon le moyen d'adopter un de ses enfans naturels. Les autres dirent qu'elle étoit accouchée, d'une fille, d'un enfant mort, et qu'on y avoit substitué un autre enfant. Tous ces bruits aussi ridicules qu'invraisemblables n'avoient pas le plus léger fondement, et l'on peut regarder comme certain et authentique le court récit qui va suivre.

Il étoit sept heures du soir quand l'impératrice sentit les premières douleurs de l'accouchement. On manda Dubois, chirurgien accoucheur, qui depuis ce moment ne la quitta plus. Elle passa toute la nuit dans les souffrances, ayant auprès d'elle Mme. de Montebello, Mme. de Luçay, Mme. de Montesquiou nommée gouvernante de l'enfant qui alloit naître, deux premières dames Mesdames Durand et Ballant, deux femmes de chambre, et la garde, Mme. Blaise. L'empereur, sa mère, ses sœurs, et MM. Corvisart et Bourdier étoient dans un salon voisin, et entroient fréquemment dans la chambre, en observant le plus profond silence, pour avoir des nouvelles de l'impératrice. Les douleurs qui avoient été foibles pendant toute la nuit, se calmèrent tout-à-fait à cinq heures du matin. Dubois ne voyant rien qui annonçât un accouchement très-prochain, le dit à l'empereur qui renvoya tout le monde et alla lui-même se mettre au bain. Il ne resta dans la chambre de l'impératrice que

Dubois et les dames que j'ai déjà nommées. Les autres femmes attachées à son service intérieur étoient réunies dans son cabinet de toilette.

L'impératrice accablée de fatigue, dormit environ une heure ; de vives douleurs l'éveillèrent, elles augmentèrent toujours, sans amener la crise exigée par la nature, et Dubois acquit la triste certitude que l'accouchement seroit difficile et dangereux. Il alla trouver l'empereur qui étoit encore au bain, le pria de venir décider par sa présence l'impératrice à souffrir avec courage, et ne lui cacha point qu'il craignoit de ne pouvoir sauver en même temps la mère et l'enfant. " Ne pensez qu'à la mère," s'écria vivement Napoléon, " et donnez lui tous vos " soins." On a prétendu que Dubois lui avoit demandé s'il devoit sauver la mère ou l'enfant, et que l'empereur lui avoit répondu : " Vous ne devez pas me faire cette question : " agissez comme vous le devez, comme vous " le feriez pour la femme d'un bourgeois de

" la rue St. Denis." Cette version est inexacte, et celle que je viens de donner, est la seule véritable.

Napoléon permit à peine qu'on l'essuyât, et courut chez l'impératrice, après avoir donné ordre qu'on avertit tous ceux qui devoient s'y trouver. Il l'embrassa tendrement et l'exhorta au courage et à la patience. Corvisart et Bourdier médecins, et Yvan chirurgien, arrivèrent en ce moment, et tinrent Marie Louise. L'enfant naquit par les pieds, et Dubois fut obligé de recourir aux fers pour lui dégager la tête. Le travail dura vingt-six, minutes et fut très-douleureux. L'empereur n'y put rester plus de cinq minutes. Il lacha la main de l'impératrice qu'il tenoit entre les siennes, et se retira dans le cabinet de toilette, pâle comme la mort, et paroissant hors de lui. Presque à chaque minute, il envoyoit une des femmes qui s'y trouvoient pour lui rapporter des nouvelles. Enfin l'enfant naquit, et dès qu'il en fut instruit il vola près de son épouse et la serra de nouveau dans ses bras. On fit entrer Cambacérès qui, comme archichancelier de l'empire, devoit constater la naissance et le sexe de l'enfant. Le prince de Neufchatel, quoique sans titre pour s'y trouver, l'y suivit, poussé par son zèle et son attachement. L'enfant resta sept minutes sans donner aucun signe de vie, et sa figure étoit presque aussi noire qu'un chapeau.   Napoléon jeta les yeux sur lui un instant, le crut mort, ne prononça pas un seul mot à ce sujet, et ne s'occupa que de l'impératrice.   On souffla quelques gouttes d'eau de vie dans la bouche de l'enfant : on le frappa légèrement du plat de la main sur tout le corps, on le couvrit de serviettes chaudes ; enfin il poussa un cri, et l'empereur vint embrasser ce fils dont la naissance étoit pour lui le comble du bonheur, et le dernier bienfait de la fortune qui ne devoit pas tarder à l'abandonner.

Cette scène se passoit en présence de vingt-deux personnes, qu'il est à propos de nommer ici pour mieux constater l'authenticité des détails dans lesquels je viens d'entrer. C'étoient l'empereur, Dubois, Corvisart, Bourdier et Yvan ; Mesdames de Montebello, de Luçay, et de Montesquiou ; les six premières dames, Mesdames Durand, Ballant, Deschamps, Hureau, Rabusson et Gérard ; cinq femmes de chambre, Melles. Honoré, Edouard, Barbier, Aubert et Geoffroy ; la garde, Mme. Blaise, et deux filles de garde robe. Je ne parle pas de Cambacérès ni du prince de Neufchatel, parce qu'ils n'entrèrent qu'après la naissance de l'enfant. Cette circonstance démontre l'absurdité de la fable d'une supposition d'enfant. Ce n'est pas en présence de témoins si nombreux qu'elle pouvoit avoir lieu, et il faut encore faire attention que d'un côté le cabinet de toilette étoit rempli de toutes les personnes subalternes attachées au service de Marie Louise, et que de l'autre plusieurs salons étoient occupés par une foule d'hommes et de femmes de la cour qui attendoient avec impatience la nouvelle de l'événement important qui se préparoit.

Tout Paris savoit que l'impératrice étoit en travail, et dès six heures du matin le jardin des Tuileries étoit rempli d'une foule immense de personnes de tout âge et de toutes conditions.   On étoit averti que vingt et un coups de canon devoient annoncer la naissance d'une princesse, et qu'il en seroit tiré cent un pour célébrer celle d'un héritier du trône.   Dès que le premier coup se fit entendre, cette multitude, l'instant d'auparavant bruyante et tumultueuse, observa le plus profond silence.   Il n'étoit rompu que par ceux qui comptoient le nombre des coups en prononçant à demi voix " un, deux, " trois, &c." Mais au vingt-deuxième l'enthousiasme éclata de toutes parts, et les cris de joie partis du jardin des Tuileries, contribuèrent presque autant que le bruit du canon à porter cette nouvelle dans les autres quartiers de Paris. Napoléon placé derrière un rideau à une des croisées de la chambre de l'impératrice jouissoit du spectacle de cette ivresse générale, et en paroissoit attendri.

Ce n'étoit pourtant pas lui personnellement qui excitoit ces transports d'allégresse, il a toujours inspiré plus d'admiration et de crainte que d'amour : mais on regardoit l'enfant qui venoit de naître comme un gage de paix et de bonheur pour la France. On étoit loin de se douter que Napoléon immoleroit à sa rage guerrière, sa propre gloire, le repos de sa patrie, et les destinées de son fils..

Le jeune enfant fut confié à une nourrice d'une constitution saine et robuste, prise dans la classe du peuple. Elle ne pouvoit ni sortir du palais, ni recevoir aucun homme. Les précautions les plus sévères avoient été prises à cet égard. On lui faisoit faire pour sa santé des promenades en voiture, et jamais sans qu'elle fût accompagnée de quelques femmes.

J'ai déjà dit que la comtesse de Montesquiou, dont le mari étoit grand chambellan, avoit été nommée gouvernante du jeune Napoléon. Il auroit été difficile de faire un meilleur choix. Cette dame née d'une famille illustre, avoit reçu une excellente éducation ; elle joignoit le ton du monde à une piété solide et trop éclairée pour donner dans la bigoterie. Sa conduite avoit toujours été si régulière, que la calomnie n'avoit jamais osé diriger une attaque contre elle. On lui reprochoit un peu de hauteur, mais elle étoit tempérée par la politesse, et par l'obligeance la plus gracieuse. Elle prit du jeune prince les soins les plus tendres et les plus assidus, et rien n'est plus noble et plus généreux que le dévouement qui la porta ensuite à s'arracher à sa patrie, à ses amis, à sa famille, pour suivre le sort d'un enfant dont toutes les espérances venoient d'être anéanties. Elle n'en recueillit pourtant que des chagrins amers, et d'injustes persécutions.

Pendant les six semaines qui suivirent son accouchement, l'impératrice ne reçut que la dame d'honneur, la dame d'atours, et les princesses de la famille impériale. Lorsque madame mère, ou quelqu'une des sœurs de Napoléon venoient la voir, on leur donnoit des fauteuils près du lit de l'accouchée. Le jour que Marie Louise devoit recevoir pour la première fois les dames présentées à la cour, l'empereur remarqua que près du lit de repos destiné à l'impératrice, on avoit placé trois fauteuils pour Madame mère et pour les reines d'Espagne et de Hollande. Il blâma cette disposition, dit que sa mère, n'étant pas reine, ne devoit pas avoir de fauteuil, et qu'il n'en falloit donner à personne. Il les fit donc emporter, et y fit substituer des tabourets. Madame arriva bientôt avec les deux reines, et voyant qu'elles n'avoient pas de fauteuils, elles se retirèrent sur le champ d'un air piqué, et ne voulurent pas assister à la réception des dames qu'on attendoit. Cet événement augmenta le froid qui régnoit déjà dans l'intérieur de la famille, et il en résulta une foule de petites tracasseries dont l'impératrice eut à supporter le désagrément, quoiqu'elle fût bien innocente de ce qui les avoit occasionnées.

On voit par ce trait que l'empereur tenoit beaucoup à l'étiquette. Il se faisoit rendre un compte exact et minutieux de tout le cérémonial usité à la cour de Louis XV et de Louis XVI, il exigeoit qu'on s'y conformât scrupuleusement ; il y ajoutoit même quelquefois, et il faisoit fouiller jusques dans les plus anciennes archives de la monarchie pour éclaircir les points qui lui paroissoient douteux. Un jour que l'impératrice devoit prendre médecine, elle exigea qu'on la lui donnât avant l'arrivée de son médecin. Après l'avoir prise, elle éprouva des coliques assez violentes pour faire concevoir quelques inquiétudes ; toute la faculté fut en l'air, l'empereur averti arriva chez Marie Louise. Le mal avoit déjà disparu, mais il n'en fit pas moins un long sermon à la duchesse de Montebello sur l'imprudence qu'elle avoit commise en donnant à l'impératrice un médicament qu'elle ne connoissoit pas, et il répéta plusieurs fois " que l'étiquette " exigeoit que ce fût son médecin qui lui " présentât la médecine." La duchesse ne répondit rien, mais lorsque l'empereur se fût retiré, " je suis bien aise," dit-elle, " que " M. Etiquette aît fini : je n'ai jamais aimé

" les longs sermons." Depuis ce temps, elle se permettoit souvent de le désigner ainsi, même en causant avec Marie Louise.

Ce fut à cette époque que Napoléon visita les côtes de la France. L'impératrice étoit à peine remise des suites de son accouchement. Il désiroit qu'elle restât à Paris, mais elle fit tant d'instances pour qu'il lui permît de l'accompagner, qu'il ne pût s'y refuser. Elle maigrit considérablement pendant ce voyage, sans doute par suite des fatigues qu'elle éprouva, et jamais elle ne recouvra son premier embonpoint.

La cour de France étoit alors divisée en trois partis, l'ancienne noblesse, les gens nés de la révolution, et les militaires. Mme. de Montesquiou et son mari étoient à la tête du premier. Toute l'influence dont ils jouissoient étoit réservée pour obtenir des grâces, des faveurs, des pensions et des places pour les nobles émigrés ou non émigrés. Ils représentoient à l'empereur que c'étoit le plus sûr moyen de les attacher à sa personne, de leur faire aimer son gouvernement ; ils parloient ainsi parce que telle étoit véritablement leur façon de penser, et que croyant la destinée de la France à jamais fixée, ils désiroient rattacher au souverain de cet empire ceux qu'ils en regardoient comme en devant être le plus ferme soutien. Napoléon connoissoit leur zèle et leur dévouement, et témoin des soins infatigables que Mme. de Montesquiou ne cessoit de prendre pour son fils, il étoit rare qu'il lui refusât quelque chose qu'elle lui demandoit.

D'après ce que j'ai déjà dit de la duchesse de Montebello, on juge bien qu'elle étoit l'âme du second parti. Il étoit peu nombreux à la cour, composé en grande partie d'intrigans en sous-ordre, mais soutenu par la faveur que Marie Louise accordoit à sa favorite.

Le troisième étoit rangé sous les bannières du maréchal Duroc, et se composoit en général de tout ce qui tenoit au militaire, qui ne voyoit de gloire et d'honneur que dans la profession des armes, et qui avoit un souverain mépris pour toutes les autres. Tandis que les deux autres partis se faisoient une guerre ouverte, cherchoient à se nuire, à se détruire par tous les moyens possibles, celui-ci jouoit le rôle d'observateur, démasquoit leurs intrigues et profitoit de leurs fautes et de leurs bévues. L'empereur le favorisoit secrètement, mais il n'en suivoit pas moins son système de neutraliser tous les partis, en cherchant à balancer leurs forces. Chacun d'eux lui servoit d'espion sur les deux autres, et il se trouvoit instruit par ce moyen de tout ce qu'il pouvoit avoir intérêt de connoître.

La duchesse de Montebello, et la comtesse de Montesquiou étant ainsi à la tête de deux partis non seulement différens, mais opposés, il est facile de croire qu'il ne devoit pas régner entre elles une liaison bien intime. La comtesse toujours prudente et réservée n'affichoit pas l'éloignement qu'elle avoit pour la duchesse, ne cherchoit pas à lui rendre de mauvais services, et se contentoit de ne point parler d'elle, et d'apporter une grande froideur dans les relations nécessaires qu'elles avoient ensemble. Mais il n'en étoit pas de même de Mme. de Montebello. Vive et bouillante, elle ne savoit ni cacher ses sentimens, ni même chercher à les déguiser. Jamais elle n'alloit voir le jeune prince, afin de ne pas être obligée de voir en même temps sa gouvernante. Elle cherchoit à persuader à l'impératrice que les soins que Mme. de Montesquiou prenoit de son fils, l'attachement qu'elle lui montroit, n'avoient d'autre motif que l'ambition et l'intérêt, accusation dont les événemens postérieurs démontrèrent bien la fausseté. Informée de ses efforts continuels pour lui nuire, Mme. de Montesquiou s'en plaignit une ou deux fois à l'impératrice même, et essaya de lui dessiller les yeux sur sa favorite, mais le bandeau qui les couvroit étoit trop épais. La première impression avoit été produite, et l'on connoît tout le pouvoir d'une première impression, surtout quand elle est reçue dans la jeunesse, et produite par une personne à qui l'on a donné toute sa confiance. Marie Louise ne rendit donc pas alors à Mme. de

Montesquiou la justice qui lui étoit due, comme elle eut occasion de s'en convaincre par la suite.

J'ai déjà dit que l'empereur avoit organisé sa police particulière, disons mieux, un systême d'espionnage qu'il dirigeoit lui-même, dans l'intérieur du palais. Il ne le faisoit pas seulement servir aux vues de sa politique, c'étoit encore pour lui une espèce d'amusement. Il aimoit à être au courant de toutes les petites anecdotes scandaleuses qui concernoient les personnes de sa cour, et il se plaisoit surtout à persiffler les maris sur les aventures de leurs femmes. Ayant découvert de cette manière une intrigue de la duchesse de Bassano, " eh bien, duc," dit-il un jour à son mari, " votre femme a donc un amant ?"—" Je le " sais, sire."—" Et qui vous l'a dit?"—" Elle-" même, sire, et c'est pourquoi je n'en crois " rien." L'empereur déconcerté de cette réponse, se battit le front avec la main, en s'écriant : " oh ! ces femmes, ces femmes ! " sont-elles fines ? sont-elles adroites?"

C'étoit le duc de Rovigo qui avoit donné à l'empereur les renseignemens dont il avoit voulu faire usage pour persiffler le duc de Bassano. Napoléon lui rapporta la réponse que le duc lui avoit faite. " Le fait n'en est " pas moins vrai," répondit Savary : " il est " très-certain que tel jour, à telle heure, la " duchesse quitta sa voiture aux Champs Ely-" sées, s'enfonça sous les arbres, s'y promena " cinq minutes, et entra, par une petite porte " qu'on tenoit entr'ouverte à dessein, dans une " maison où l'attendoit le général ***."—" Je " sais tout cela," reprit l'empereur, " je le " savois avant que vous me l'eussiez dit ; mais " vous auriez dû me dire aussi qu'elle y fut " suivie un quart d'heure après par une autre " dame qui vous touche de beaucoup plus près, " et dont la visite étoit pour l'aide-de-camp " du même général."   Le fait étoit exact, et ce qui déconcerta le conteur d'histoires, c'est que la dernière dame étoit sa femme.

Vers la fin de 1811, l'empereur fit un voyage en Hollande, et Marie Louise l'y accompagna.

C'est pendant le séjour qu'il fit à Amsterdam qu'il laissa échapper une première marque d'animosité contre l'empereur de Russie. Le public étoit bien éloigné de lui supposer ce sentiment, car rien n'avoit encore paru troubler la bonne intelligence de ces deux souverains. Dans un cabinet de l'appartement qu'y occupoit l'impératrice, il se trouvoit sur un piano un petit buste très-ressemblant de l'empereur Alexandre. Partout où logeoit Napoléon, il étoit dans l'usage de visiter lui-même toutes les pièces de son appartement et de celui de l'impératrice. En faisant cette visite, il apperçut ce buste. Il le prit, le mit sous son bras et continua à causer avec les dames qui se trouvoient là. Tout en causant, il oublia le buste, et fit un geste qui le laissa échapper. Une dame le retint avant qu'il fut à terre, et demanda à Napoléon ce qu'elle devoit en faire. " Tout ce qu'il vous plaira," répondit-il, " mais que je ne le voye plus."

Ce fut pendant ce voyage que l'empereur parut éprouver un instant de prédilection pour une jeune dame de sa cour qui y avoit suivi l'impératrice, la princesse Aldobrandini. Elle étoit fort aimable, avoit de l'esprit et causoit parfaitement bien.   Un soir qu'elle avoit brillé plus que de coutume, il dit à l'impératrice et à la duchesse de Montebello, que si elles vouloient devenir parfaites, elles n'avoient qu'à tâcher de copier la princesse. Ce fut le premier mouvement d'humeur qu'il occasionna à Marie Louise. Elle ne la témoigna pourtant que par le silence, et ne montra aucun ressentiment contre la princesse. Mais la duchesse se trouva profondément blessée, et depuis ce temps elle ne cessa de tenir contre cette jeune femme les propos les plus piquans et les plus désagréables.

C'est ici le cas de dire un mot des galanteries de Napoléon. On a débité et imprimé bien des mensonges à cet égard, et on lui a prêté des intrigues avec des femmes auxquelles il n'a jamais pensé. Un fait bien connu c'est qu'il n'a jamais eu de maîtresse en titre ; il n'en faut pas conclure qu'il n'ait jamais eu d'inclinations passagères, de fantaisies, et l'on pense bien que dans le rang qu'il occupoit, il ne lui étoit pas très-difficile de les satisfaire. Mais autant il aimoit à divulguer les bonnes fortunes des autres, autant il étoit discret sur les siennes, et il étoit surtout bien éloigné de cette sotte jactance qui consiste à se vanter de faveurs qu'on n'a pas obtenues.

Il avoit beaucoup aimé dans sa jeunesse une Polonoise, Mme. de Paulowski. Elle est une des deux femmes qui après avoir eu des liaisons intimes avec lui, n'ont perdu ni son estime ni son amitié, et elle lui a donné les plus touchantes preuves d'affection. Lors de son abdication, elle se rendit à Fontainebleau pour lui faire ses adieux, et lorsqu'elle sut que Marie Louise ne l'avoit pas suivi à l'île d'Elbe, elle s'y rendit avec un fils qu'elle avoit eu de lui, ayant le projet de demeurer près de lui, seulement comme une amie dont la société pourroit lui être agréable. Mais Napoléon n'y consentit point. Il ne voulut pas donner à son épouse la mortification de savoir près de lui une

femme qu'il avoit aimée, quoique ce fût an-
térieurement à son mariage, et elle n'y resta
que trois jours.

Deux aventures qu'il eut avec deux actrices
célébres pendant son mariage avec Joséphine
firent beaucoup de bruit dans le temps, et
furent rapportées de différentes manières.
Une fantaisie subite lui fit naître un soir l'envie
d'envoyer chercher Mlle. Duchesnois, actrice
du théâtre François, fort laide de figure, mais
dont on assure que le corps au-dessous du buste
est un modèle de proportions. On l'avertit
quand elle fût arrivée. Il étoit encore à
travailler. Il ordonna qu'on la fit entrer dans
un cabinet voisin de sa chambre à coucher, et
lui fit dire de se déshabiller. La pauvre actrice
obéit, et ne garda que la portion de vêtement
la plus indispensable. On étoit alors à la fin de
Septembre, les nuits commençoient à être
froides, il n'y avoit pas de feu dans la chambre,
desorte qu'après avoir attendu plus d'une
heure, elle se trouva transie de froid. Elle
sonna, et pria d'avertir l'empereur de la

situation où elle se trouvoit. Son travail n'étoit
pas encore terminé; " Qu'elle s'en aille!"
répondit-il; et jamais il ne la redemanda.

Mlle. George, autre actrice du même
théâtre, qui brilloit alors de toute la fleur de
sa beauté, fût l'héroïne de la seconde aventure.
L'empereur avoit travaillé ce jour là avec
excès, il avoit eu des contrariétés qui lui
avoient donné pendant toute la journée des
crispations de nerfs. Une nuit passée avec
Mlle. George n'étoit pas faite pour rétablir
le calme dans ses sens. Quoiquil en soit,
vers deux heures du matin elle s'aperçut que
l'empereur venoit de se trouver mal, et avoit
perdu connoissance. La frayeur s'empare
d'elle, elle perd la tête et le jugement, pousse
les hauts cris, fait jouer toutes les sonnettes.
On accourt, on va chercher médecin et
chirurgien, tout le palais est en rumeur,
Joséphine s'éveille au bruit, elle accourt chez
l'empereur, et la première chose qu'il vit, en
reprenant ses sens, fut George à demi-nue
qui le soutenoit dans ses bras, et l'impéra-

trice en face. Il se mit dans une fureur qui manqua de le faire retomber dans l'état d'où il venoit de sortir ; on fit disparoître l'actrice tremblante, et jamais il ne lui pardonna l'esclandre qu'elle avoit occasionnée.

Il faut couvenir au surplus que ces infidélités passagères furent toujours assez rares et le devinrent encore davantage après son mariage avec Marie Louise : il prenoit le plus grand soin pour que le très-petit nombre de celles qu'il se permettoit encore ne vinssent jamais à sa connoissance, car il eut constamment pour elle les plus grands égards. Il se plaignoit pourtant quelquefois qu'elle se rendoit peu aimable pour les dames de la cour, et qu'elle ne faisoit pas assez d'efforts pour plaire. Habitué à la grâce, à l'amabilité constante de Joséphine, il est certain qu'il devoit remarquer une différence frappante entre la première épouse et la seconde ; mais il oublioit que celle-ci née sur le trône, habituée dès son enfance aux hommages et aux respects, ayant d'ailleurs hérité un peu de la fierté Autrichienne, et naturellement timide et réservée, croyoit d'une part, comme tant de souverains, qu'elle n'avoit qu'à paroître pour régner sur tous les cœurs, et de l'autre ne connoissoit pas l'esprit du peuple sur lequel elle avoit été appelée à régner. Il ne faut presque, pour gagner le cœur des François, que savoir sourire et saluer à propos. Ils aiment à considérer leur souverain comme le chef, comme le père de la grande famille, et un peu d'affabilité les paye amplement du respect et de l'amour qu'ils ont pour lui. Marie Louise avoit toutes les qualités, toutes les vertus qui pouvoient la faire chérir de ceux qui la connoissoient intimement, mais il lui manquoit cet air de familiarité qui peut se concilier avec la dignité, et qui suffit en France pour séduire la multitude. Un soir qu'elle avoit été au théâtre François, une dame se hasarda de lui dire que le public avoit éprouvé un véritable chagrin en se trouvant privé du plaisir de la voir, parce qu'elle étoit restée au fond de sa loge. " Qu'importe ?" s'écria Mme. de Monte-

bello, " pourquoi Sa Majesté se gêneroit-
" elle?" La dame répondit que beaucoup de
personnes n'avoient été au spectacle que dans
l'espérance d'y voir l'impératrice, qu'elles
avoient été fort contrariées de se trouver
trompées dans leur attente, et que Sa Majesté ne devoit voir dans cet empressement
qu'un sentiment d'affection toujours flatteur
pour une souveraine. " Sa Majesté n'est pas
" une curiosité qu'on montre à la foire,"
reprit aigrement la duchesse, " et quand il
" ne lui plait pas de se faire voir, personne
" n'a le droit d'y trouver à redire. Lors
" qu'on a de la franchise, on doit se montrer
" tel qu'on est, et ne rien faire par respect
" humain." Avec de tels conseils il n'est
pas étonnant que cette jeune princesse portât
en public cet air maussade et ennuyé que lui
donnoient souvent les devoirs d'étiquette
qu'elle avoit à remplir. Elle glaçoit les cœurs
qui n'auroient demandé qu'à brûler d'amour
pour elle, et un froid respect remplaça la vive
affection que le peuple étoit disposé à lui

accorder. Rendue à son intérieur, elle étoit douce, enjouée, affable, et adorée de tous ceux qui avoient des relations habituelles avec elle.

Joséphine au contraire, plus chérie dans le public étoit moins aimée dans sa maison. Son but étoit toujours de produire de l'effet, tandis que Marie Louise étoit ennemie de toute affectation, de tous dehors empruntés. La première impératrice avoit l'avantage de connoître l'esprit François, et elle tira de cette connoissance tout le parti possible. Personne n'eut jamais autant d'ascendant sur l'esprit de Napoléon, et elle en conserva encore une partie, même après son divorce : aussi Marie Louise avoit-elle conçu contre elle une sorte de jalousie, et elle n'aimoit pas qu'on en parlât en sa présence. Joséphine étoit citée partout pour sa bienfaisance, personne ne parloit de celle de Marie Louise. Celle-ci étoit pourtant très-charitable, mais elle se laissoit tromper dans la distribution de ses bienfaits. Sous Joséphine, sa dame d'honneur, Mme. de la

Rochefoucault, veilloit elle-même à la répar-
tition des secours que sa souveraine accordoit.
Elle avoit chargé deux hommes intégres et respectables d'aller à la découverte des pauvres
honteux, et de prendre des informations
certaines sur les besoins de ceux qui sollicitoient des secours.   Peu d'argent répandu de
cette manière rendoit à la vie et au bonheur
un grand nombre de familles dont les bénédictions portoient dans toute la France le nom de
Joséphine.   Marie Louise prenoit dix mille
francs tous les mois pour les pauvres, sur les
fonds affectés pour sa toilette; cette somme
étoit double de celle que Joséphine consacroit
au même usage; mais malheureusement la
duchesse de Montebello regardoit comme au-
dessous d'elle de s'occuper personnellement
de la distribution de cette somme.   Elle s'en
rapportoit entièrement à son secrétaire,
nommé Lugny, jadis valet de chambre du
comte d'Artois, et qui avoit été aussi secrétaire
de Mme. de la Rochefoucault.   Mais il étoit
nul sous la dame d'honneur de Joséphine, et

il devint tout puissant sous celle de Marie Louise. Cet homme, sans conduite, sans mœurs et sans délicatesse, commençoit par s'approprier une bonne partie des sommes qu'il étoit chargé de distribuer, prenoit sur le surplus de quoi fournir à l'entretien de femmes perdues de débauches avec lesquelles il vivoit, de sorte qu'une bien foible portion des aumônes de l'impératrice entroient dans le canal qui leur étoit destiné. Mille plaintes, mille cris s'élevèrent contre lui et contre Mme. de Montebello, mais sans arriver à l'impératrice. La duchesse elle-même eut plusieurs occasions de reconnoître ses prévarications, mais son égoïsme, son indifférence pour tout ce qui ne la touchoit pas personnellement, lui fermoient les yeux sur l'infidélité d'un homme couvert du mépris public, et qu'elle auroit dû cent fois chasser avec ignominie. Un jour que Marie Louise avoit été visiter le Jardin des Plantes, elle donna ordre à Mme. de Montebello de faire remettre 500 fr. au jardinier. Son secrétaire

fut chargé de porter cette somme. Quelques
jours après, la duchesse se promenant dans le
même jardin avec d'autres dames, ce jardinier
s'approcha d'elle, et la remercia des 200 fr.
qu'elle lui avoit envoyés de la part de Sa Majesté : le secrétaire avoit jugé à propos de
s'approprier le surplus. Ce vol fut oublié
comme bien d'autres, et c'est ainsi que les
pauvres étoient privés des secours que l'impératrice avoit dessein de leur accorder, et celle-
ci des bénédictions qui devoient en être la
récompense.

La bienfaisance de Marie Louise ne se
bornoit pas au secours fixe de 10,000 fr.
qu'elle destinoit chaque mois aux pauvres.
Jamais on ne lui parla d'un malheureux sans
qu'il éprouvât les effets de sa générosité,
son premier mouvement partoit toujours de
son propre cœur ; c'étoient la bonté, la sensibilité qui le dirigeoient. Il n'en étoit pas de
même du second : il étoit froid, inquiet,
méfiant ; on y reconnoissoit l'esprit de Mme.
de Montebello. Devant elle, l'impératrice

sembloit rougir d'être compatissante et géné-
reuse, et si elle vouloit faire un cadeau à
quelqu'une des dames de sa maison, elle avoit
toujours soin de choisir un moment d'absence
de la duchesse. Celle-ci, envieuse et in-
téressée, sembloit regarder tout présent fait à
une autre, comme un vol fait à elle-même.

La froideur de l'impératrice, hors de sa
société intime, étoit tellement connue, qu'on
lui reprochoit même de l'étendre jusqu'à son
fils. Ce n'étoit pourtant pas défaut d'affection, c'étoit plutôt excès de ce sentiment.
N'ayant jamais vu d'enfant, elle n'osoit ni le
prendre, ni le caresser, tant elle craignoit de
lui faire mal. Aussi-conçut il plus d'affection
pour sa gouvernante que pour sa mère, ce dont
Marie Louise ne laissoit pas d'être un peu
jalouse. L'empereur au contraire le prenoit
dans ses bras toutes les fois qu'il le voyoit, le
caressoit, le contrarioit, le portoit devant une
glace et lui faisoit des grimaces de toute
espèce. Lorsqu'il déjeûnoit, il le mettoit
sur ses genoux, trempoit un doigt dans la

sauce, le lui faisoit sucer et lui en barbouilloit le visage. La gouvernante grondoit, l'empereur rioit, et l'enfant, presque toujours de bonne humeur, paroissoit recevoir avec plaisir les caresses bruyantes de son père.

Avant l'âge de deux ans, il assistoit régulièrement au déjeûner de Napoléon où l'impératrice se rendoit aussi. Jusqu'au moment des couches de Marie Louise, ils avoient toujours déjeûné ensemble à une heure à peu près fixe, mais à cette époque l'empereur reprit ses anciennes habitudes. Il mangeoit quand il avoit faim, ou quand ses occupations le lui permettoient, et il avoit exigé que l'impératrice continuât de déjeûner à son heure ordinaire.

Dès que le jeune Napoléon sut parler, il devint, comme presque tous les enfans, grand questionneur. Il aïmoit beaucoup à voir le peuple qui se promenoit dans le jardin des Tuileries et qui s'amassoit souvent sous ses fenêtres pour le voir. Il ne tarda pas à remarquer que beaucoup de personnes entroient dans le château avec de grands rouleaux de papiers sous le bras. Il demanda à sa gouvernante ce que cela signifioit. Elle lui dit que c'étoient des gens infortunés qui venoient demander quelque grâce à son papa. Depuis ce temps, chaque fois qu'il voyoit passer une pétition, il crioit, pleuroit, et n'avoit pas de repos qu'on ne la lui eut apportée, et il ne manquoit jamais de présenter chaque jour à son père à son déjeûner, toutes celles qu'il avoit recueillies ainsi la veille. On juge bien que lorsque cette habitude fut connue du public, on ne laissa pas l'enfant manquer de pétitions.

Il vit un jour sous ses fenêtres une femme en deuil qui tenoit par la main un petit garçon de trois à quatre ans aussi en deuil. Celui-ci tenoit en main une pétition qu'il montroit de loin au jeune prince. L'enfant voulut savoir pourquoi "ce pauvre petit" étoit habillé tout en noir. La gouvernante lui répondit que c'étoit sans doute parce que son papa étoit mort. Il lui témoigna un grand désir de lui parler : Mme. de Montesquiou, qui saisissoit toutes les occasions de développer sa sensibilité, y consentit et donna ordre qu'on fit entrer la mère et l'enfant. C'étoit une veuve dont le mari avoit été tué à l'armée, qui se trouvoit sans ressources et qui sollicitoit une pension. Le jeune Napoléon prit la pétition et promit de la remettre à son papa. Le lendemain il fit son paquet ordinaire, mais il garda séparément celle à laquelle il prenoit un intérêt particulier, et après avoir remis à l'empereur les autres pétitions en masse, suivant sa coutume : " Papa," lui dit-il, " voici " une pétition d'un petit garçon bien malheureux. Tu es cause que son papa est " mort. Il n'a plus rien. Donne-lui une " pension, je t'en prie." Napoléon prit son fils dans ses bras, l'embrassa tendrement, accorda la pension, et en fit expédier le brevet dans la journée. Ce fut ainsi qu'un enfant qui n'avoit encore que trois ans eut déjà le bonheur de sécher les larmes d'une famille.

Il est de toute fausseté qu'on ait jamais employé à son égard le châtiment des verges. Mme. de Montesquiou employoit des moyens plus sages et plus utiles pour le corriger de ses défauts. Il étoit généralement doux et docile et écoutoit assez le langage de la raison, mais il étoit formé du sang de Napoléon, il étoit comme lui vif et impétueux et se livroit déjà quelquefois à des accès de colère. Un jour qu'il se rouloit à terre en poussant de grands cris sans vouloir écouter ce que lui disoit sa gouvernante, celle-ci ferma les fenêtres et les contrevents. L'enfant étonné se releva aussitôt, oublia ce qui l'avoit contrarié, et lui demanda pourquoi elle agissoit ainsi. " C'est de peur qu'on ne vous entende," répondit-elle : " croyez-vous que les François " voudroient d'un prince comme vous, s'ils " savoient que vous vous mettez ainsi en " colère ?"—" Crois-tu qu'on m'aît enten-" du ?" s'écria-t-il : " J'en serois bien fâché. " Pardon, *Maman Quiou,*" (c'est ainsi qu'il l'appeloit) " je ne le ferai plus." C'est ainsi que cette femme spirituelle inspiroit au jeune prince cette crainte du blâme, ce respect pour l'opinion publique, si nécessaire dans toutes les classes, et cherchoit à tirer parti des heureuses dispositions qu'il avoit reçues de la nature.

Napoléon ne dut pas être fort satisfait de son voyage en Hollande où il passa près de trois mois. Il y fut reçu partout très-froidement, et surtout à Amsterdam. Cet accueil n'étoit pas étonnant, les Hollandois ne pouvoient voir en lui que le destructeur de leur commerce et par conséquent de leur prospérité ; mais il en fut dédommagé par l'enthousiasme qu'il excita à Bruxelles, où l'impératrice acheta pour cent cinquante mille francs (6,200 liv. st.) de dentelles, afin de ranimer les manufactures, ce que l'empereur lui avoit recommandé. L'introduction en France des marchandises Angloises étoit alors sévèrement défendue, toutes celles qu'on pouvoit saisir étoient brûlées sans miséricorde. Il en résultoit que chacun cherchoit à s'en procurer, car le vrai moyen de faire désirer une chose, c'est de la défendre, et la prohibition d'un objet ne fait qu'en rehausser le prix. Ce voyage offroit une occasion bien favorable pour cueillir l'attrayant fruit défendu, la Belgique étoit encore pleine de marchandises Angloises cachées avec soin. Toutes les dames de la suite de l'impératrice en firent d'amples provisions, et l'épouse même de Napoléon voulut en avoir sa pacotille. Plusieurs voitures en furent chargées, non sans crainte que l'empereur n'en fût informé et ne fît tout saisir en arrivant en France. Vint l'instant du départ. On passa le Rhin, on arriva à Coblentz. Quinze voitures aux armes de l'empereur, composant le premier service, ou l'avant-garde si on veut lui donner ce nom, arrivèrent en même temps aux portes de la ville. Les commis étoient incertains de ce qu'ils devoient faire. Les uns vouloient qu'on arrêtât les voitures, et qu'on les visitât, les autres s'y opposoient en alléguant le respect dû à tout ce qui appartenoit à l'empereur. Ce dernier

avis prévalut; les voitures entrèrent librement, et ayant une fois passé la première
ligne des douanes Françoises, elles amenèrent
à bon port dans la capitale la cargaison de
marchandises prohibées.   Bien certainement
si on les eut arrêtées et confisquées, Napoléon,
bien loin de le trouver mauvais, en auroit ri
de tout son cœur, et auroit probablement ré-
compensé celui qui auroit eu le courage de
faire son devoir.

Ce fut pendant ce voyage qu'il arrêta le
plan de sa funeste expédition en Russie. Il
savoit que cette campagne seroit loin d'obtenir l'approbation universelle, et ce fut probablement dans la vue de calmer le mécontentement qu'il prévoyoit qu'elle feroit naître, qu'il
chercha à rattacher les cœurs à sa personne en
déployant tous ses moyens de plaire, et il en
avoit beaucoup lorsqu'il vouloit s'en servir.
Jamais on ne l'avoit vu si aimable.   Il n'avoit
ni accès de colère, ni boutades, ni impatiences.
Il parloit à chacun le langage qui devoit lui
plaire, banquier à Amsterdam, négociant à

Bruxelles, et armateur à Anvers. Il visitoit les manufactures, inspectoit les chantiers, passoit les troupes en revue, haranguoit les marins, et acceptoit les bals qui lui étoient offerts dans toutes les villes où il s'arrêtoit. Il s'y montroit poli, gracieux, parloit à tout le monde, et, contre sa coutume, ne disoit que des choses agréables.

Les colléges électoraux avoient été assemblés pendant son absence. Le maréchal Duroc qui avoit présidé celui du département de la Meurthe, se présenta devant l'empereur pendant qu'il déjeûnoit, un jour ou deux après son retour à Paris. "Eh bien," lui dit Napoléon, " que pense-t-on à Nancy de " M.***?" C'étoit un chambellan de l'empereur né dans ce département, dont les biens y étoient situés, et qui ne jouissoit pas d'une grande faveur auprès de son maître. "Sire," répondit le maréchal, " il y jouit de l'estime " générale." — " Cela n'est pas possible, " maréchal, c'est une bête."—" Je vous de- " mande pardon, sire, ce n'est pas une bête,

" c'est un homme aimé et considéré, parce
" qu'il mérite de l'être."   L'empereur se mit
à rire et changea de conversation.   Il n'aimoit pas à être contredit, mais il savoit appré-
cier le courage d'un homme qui ayant une
opinion contraire à la sienne, osoit la soutenir
avec noblesse.

M. de Narbonne avoit aussi été présider
un collége électoral dans un département assez
éloigné de la capitale.   " Que dit-on de moi
" dans les divers départemens que vous avez
" parcourus ? "   lui demanda l'empereur.
" Sire," répondit M. de Narbonne, " les
" uns disent que vous êtes un Dieu, les autres
" que vous êtes un diable, mais chacun con-
" vient que vous êtes plus qu'un homme."

Napoléon peu content de M. de Beauharnois, chevalier d'honneur de Marie Louise,
avoit eu l'intention de nommer en sa place le
même M. de Narbonne.   Celui-ci étoit plein
d'esprit et de finesse, qualités dont M. de
Beauharnois étoit totalement dépourvu.   Mais
celui-ci étoit sous la protection de la du-

chesse de Montebello. Elle représenta à l'impératrice qu'elle devoit conserver près d'elle M. de Beauharnois, ne fût-ce que par politique, attendu que si sa place étoit donnée à un autre, on ne manqueroit pas de répandre le bruit que son nom, et sa parenté avec Joséphine lui avoient attiré cette disgrace. Marie Louise la crut, et quoiqu'elle n'aimât véritablement ni son chevalier d'honneur, ni le nom qu'il portoit, elle fit tant d'instances en sa faveur auprès de l'empereur, qu'il consentit enfin à lui laisser ses fonctions, et il nomma M. de Narbonne son aide-de-camp, pour le dédommager.

Jamais la cour de France ne fut plus brillante que pendant l'hiver qui suivit le voyage de Hollande ; triste et frappant contraste avec les scènes d'horreur et de désolation dont la Russie devoit être le théâtre la même année. C'étoit au milieu des fêtes et des divertissemens de toute espèce que Napoléon en méditoit la conquête. Enfant gâté de la fortune, enivré d'adulations, n'envisageant pas même la possibilité d'un revers, il sembloit célébrer d'avance ses victoires futures, et avoir chargé les plaisirs de tous les préparatifs de la guerre. Pas un jour ne se passoit qu'il n'y eût à la cour spectacle, concert ou bal masqué. Rien n'étoit plus brillant que ces réunions ; la salle de spectacle surtout offroit un coup d'œil éblouissant. L'empereur et l'impératrice occupoient une loge en face du théâtre, à leurs côtés et derrière eux étoient les princesses et les princes de leur famille. A droite se trouvoit la loge des ambassadeurs étrangers, à gauche celle des ministres François. Tout le surplus des premières loges, ou plutôt d'une grande galerie qui en tenoit lieu, étoit réservé aux dames de la cour en grande toilette et resplendissantes de diamans. Le parterre étoit rempli d'hommes décorés de cordons et de croix de toute espèce, et les secondes loges étoient destinées aux personnes qui obtenoient des billets d'entrée dont environ une centaine étoient distribués chaque représentation. Les femmes n'y pouvoient venir qu'en grande parure, et les hommes n'y étoient admis qu'en habit François et l'épée au côté. Pendant les entr'actes des laquais à la livrée de l'empereur distribuoient dans toute la salle des glaces et d'autres rafraîchissemens avec profusion. Le bal masqué offroit un coup d'œil non moins imposant par la richesse et la variété des costumes. C'étoit l'amusement favori de Napoléon. Il ne manquoit jamais d'être instruit d'avance du déguisement sous lequel devoient s'y présenter les femmes qu'il vouloit intriguer, et comme il connoissoit toutes les anecdotes scandaleuses, et toutes les intrigues secrètes de sa cour, il se faisoit un malin plaisir de tourmenter les dames, d'inquiéter leurs maris et leurs amans, ne se faisant pas un scrupule de jeter dans les familles des germes de trouble et de division pourvu qu'il arrivât à son but, celui de s'amuser, et de prouver que nulle aventure ne pouvoit être assez bien cachée pour échapper à ses yeux.

Le printemps arriva, et l'empereur partit pour Dresde avec Marie Louise. L'empereur d'Autriche devoit s'y trouver avec son épouse et les archiducs. Ceux-ci refusèrent d'abord, mais ayant reçu de François II l'ordre formel de s'y rendre, ils obéirent, se présentèrent chez Napoléon, prononcèrent à peine un mot pendant l'entrevue, et repartirent pour Vienne une heure après. L'empereur avoit voulu que l'impératrice déployât le plus grand luxe dans ce voyage : tous les diamans de la couronne avoient été portés à Dresde, Marie Louise en étoit littéralement couverte, et sa belle mère qui n'avoit rien oublié pour paroître aussi avec éclat, fut mortifiée de se voir éclipsée par sa belle fille. Elle haïssoit Napoléon ; celui-ci déploya en vain auprès d'elle toutes les ressources de la galanterie Françoise, il ne put triompher de son éloignement qu'elle laissoit souvent paroître malgré elle.

Ce fut à cette occasion que Napoléon se plaignant un jour à l'impératrice de la conduite de sa belle mère et des archiducs, après en avoir montré son mécontentement, ajouta : " Quant à l'empereur, je n'ai rien à en dire,

" *c'est une ganache.*"* Marie Louise, ne comprenant pas ce mot, en demanda l'explication aux dames qui se trouvoient avec elle, dès que Napoléon se fut retiré. Aucune d'elles n'osant lui en donner la véritable signification, on lui dit qu'on désignoit par ce mot, un homme grave, un homme de poids. L'impératrice n'oublia ni l'expression ni la définition, et elle en fit quelque temps après un usage assez plaisant. Pendant qu'elle étoit chargée de la régence de l'empire François, un jour qu'on discutoit une question importante au conseil d'état, elle remarqua que Cambacérès n'avoit pas encore parlé. Se tournant vers lui, " Je " voudrois connoître votre opinion sur cet " objet," lui dit-elle, " parce que je sais que " vous êtes une ganache." Cambacérès, à ce compliment, ne put que la regarder d'un air étonné et interdit, en répétant à demi voix le mot " ganache."—" Oui," répéta-t-elle,

H 2

---

* A word of contempt, a stupid fellow.

" une ganache, un homme grave, un homme
" de poids: n'est-ce pas ce que cela signifie?"
Chacun garda le silence et l'on continua la
discussion.

Quoiqu'il en soit, les deux cours de France
et d'Allemagne passèrent quelques jours à
Dresde dans la meilleure intelligence, et se
séparèrent en parfaite harmonie, du moins en
apparence. L'impératrice retourna à Paris,
et Napoléon partit pour la Pologne. Il y
étoit appelé par les vœux du peuple qui croyoit
qu'il venoit rétablir ce royaume et lui rendre
ses anciennes limites. Il n'en fit rien ; il
avoit des vues différentes, et ce fut une faute
qui lui couta cher. Il marchoit à la tête de
la plus belle armée que la France eût jamais
mise sur pied, renforcée de troupes auxiliaires
d'Italie et de la Confédération du Rhin, et
traînant à sa suite de formidables parcs d'artillerie, et des provisions immenses. La victoire parut d'abord vouloir se montrer encore
fidèle à celui qui jusqu'alors avoit été son favori, et il marcha de succès en succès jusqu'à

Smolensk. Arrivé dans cette ville, il eût un instant le projet de ne pas avancer davantage, il en parla à ses confidens, et traita " de pays " barbare'' la contrée où il se trouvoit. Mais à Smolensk comme à Paris, dans un camp comme au milieu de sa cour, il n'étoit entouré que de vils flatteurs qui lui représentèrent qu'il avoit toujours dicté dans leur capitale des conditions de paix aux souverains qu'il avoit vaincus, et qu'il manqueroit quelque chose à sa gloire s'il n'alloit pas au moins jusqu'à Moskou. Il crut ces conseils imprudens, et l'armée se mit en marche vers l'ancienne capitale de la Russie.

Pendant ce temps un événement bien extraordinaire se passoit à Paris. Un individu échappé de prison, s'emparoit du ministre de la police, le jettoit dans un cachot, se rendoit maître des postes militaires, et étoit sur le point de renverser en quelques heures le gouvernement impérial. Cette tentative fut mal conduite, mais l'instant n'en pouvoit être mieux choisi. La guerre contre la Russie avoit occasionné un mécontentement général. Les nouvelles levées d'hommes qu'elle avoit occasionnées avoient indisposé toutes les classes. On craignoit presque que Napoléon n'obtint trop de succès, parce qu'on étoit convaincu qu'il voudroit ensuite envoyer des troupes par terre pour tenter de détruire la puissance Angloise dans les Indes, ce qui étoit le véritable but de ses désirs et de son ambition : son éloignement à une si grande distance faisoit qu'on parloit, qu'on murmuroit plus librement : les ministres inspiroient peu de crainte et beaucoup de mépris : tout sembloit donc se réunir pour favoriser une conspiration.

Mallet, général suspect à l'empereur, enfermé dans une maison de santé sous prétexte de folie, conçut en ce moment le projet d'une révolution, et osa le mettre à exécution, sans plan arrêté, sans complices et sans argent. S'étant échappé de la maison où il étoit détenu, et s'étant muni de prétendus décrets du sénat qui annonçoient la mort de l'empereur et nommoient le général Mallet commandant militaire de Paris, il se rend seul, au milieu de la nuit, à une caserne, y lit le soi-disant décret dont il étoit porteur, et se fait suivre par un régiment qui s'y trouvoit. Delà il se rend à la prison de la Force, et en vertu du grade dont il s'étoit investi lui-même, il fait mettre en liberté un officier général nommé la Horie, détenu par mesure de police, et sur lequel il croyoit pouvoir compter. Celui-ci avec un détachement du même régiment se rend à l'hôtel du ministre de la police, lui apprend la mort de Napoléon, lui dit qu'il est chargé par le sénat de s'assurer de sa personne, et le duc de Rovigo, étourdi de ces deux nouvelles, se laissa prendre comme un mouton. Avant sept heures du matin, il se trouvoit sous les verroux, dans la même prison d'où la Horie étoit sorti quelques heures auparavant, et il y eut bientôt pour compagnon le préfet de police qui s'étoit laissé arrêter avec la même bravoure.

Pendant ce temps, Mallet s'étoit rendu à l'état major général de la place pour arrêter pareillement le général Hulin.   Celui-ci ne fut pas aussi confiant que Savary, il demanda à voir le décret du sénat, et Mallet, feignant de le chercher dans sa poche, en tira un pistolet, fit feu sur le général et lui fracassa la machoire.   En ce moment l'adjudant-général la Borde, homme actif et intrépide, arrivoit à l'état major.   Il apprit ce qui se passoit, convainquit les officiers qui avoient suivi Mallet qu'ils étoient le jouet d'un imposteur, et s'assura de sa personne.   Il se rendit ensuite au ministère de la police.   Il y trouva la Horie qui après avoir donné aux commis des ordres pour préparer une lettre circulaire, étoit en conférence sérieuse avec un tailleur à qui il commandoit un habit.   Après l'avoir fait arrêter, il courut à la Force et fit mettre en liberté le ministre de la police.   Enfin s'étant rendu au département, il y trouva un autre émissaire envoyé par Mallet, et le préfet aussi crédule que le duc de Rovigo, s'occupant

à faire préparer une salle où on lui avoit dit
que le gouvernement provisoire devoit se
réunir dans la matinée. A onze heures du
matin tout étoit rentré dans l'ordre.

Marie Louise étoit à St. Cloud pendant que
ce mouvement avoit lieu à Paris. On doit dire
à son honneur qu'elle montra en cette occasion
du sang froid et du courage. Elle donna
ordre au peu de troupes qui s'y trouvoient de
se mettre sous les armes, mais à peine avoient-
elles eu le temps de l'exécuter, qu'elle apprit
que les conspirateurs étoient arrêtés.

La nouvelle de la mort prétendue de l'empereur, et celle plus véritable de l'arrestation du
ministre et du préfet de police, s'étoient répan-
dues rapidement dans tout Paris, sans y produire aucun effet. On ne vit ni démonstra-
tion de joie, ni signes de chagrin; les
faubourgs St. Antoine et St. Marceau, si agités
dans toutes les révolutions, restèrent dans une
tranquillité parfaite. Le seul sentiment qui
parût animer les Parisiens étoit celui qu'éprou-
vent les spectateurs d'une partie de dames, la

curiosité de savoir comment tout cela finiroit.
Le lendemain on n'y pensoit plus que pour lâcher quelques sarcasmes contre le ministre de la
police dont on disoit, entre autres choses, qu'il
avoit fait en cette occasion *un tour de force.*

Pendant ce temps Napoléon étoit arrivé
à Moskou ; et il avoit vu les Russes brûler
cette ville, afin que les François ne pussent
profiter des provisions, des munitions, et des
richesses de toute espèce qui s'y trouvoient.
Aléxandre amusoit son ennemi par des pro-
positions de paix, parce qu'il comptoit sur un
auxiliaire puissant qui ne pouvoit manquer
d'arriver, et qui devoit être plus fatal aux
troupes Françoises que toutes les armées
réunies de la Prusse. Les gens sages craignoient et prévoyoient des désastres, mais
l'empereur ne vouloit écouter aucun conseil ;
il ne pouvoit se résoudre à retourner sur ses
pas sans avoir frappé un coup décisif. Enfin le
prince Poniatowski se jeta à ses pieds : " sire,"
lui dit-il, " votre armée court les plus grands
" dangers : je connois le climat : le temps est

" beau aujourd'hui, le thermomètre ne marque
" que quatre degrés ; mais demain, mais ce
" soir même, il peut descendre à vingt et à
" trente."* Napoléon se rendit, et donna
l'ordre du départ pour le sur-lendemain.
Mais dès le lendemain l'événement prédit par
le prince Poniatowski étoit arrivé. On connoît les désastres qui en résultèrent. L'armée
Françoise fut complètement détruite, et ceux
que la faim, le froid et le fer des Russes
épargnèrent, furent envoyés prisonniers dans
le fond de la Sibérie.

L'empereur fit sa retraite sans danger, si
l'on peut donner le nom de retraite à une
fuite précipitée, car il ne s'arrêta que lorsqu'il se trouva sur le territoire de Saxe. On
prétend qu'en y arrivant, il demanda si l'on y
avoit vu passer beaucoup de fuyards, et qu'on
lui répondit : " non, sire, vous êtes le premier."

On reçut à Paris ce bulletin si effrayant,
rédigé par Napoléon lui-même, et qui laissoit

---

* Il s'agit ici du thermomètre de Reaumur.

deviner une grande partie de nos malheurs, sans cependant les faire connoître dans toute leur étendue. Toute la France fut plongée dans la consternation, il s'y trouvoit à peine une famille qui n'eût à pleurer ou à craindre.

Napoléon ne s'arrêta point en Saxe. Il reprit sur le champ la route de la France. Il avoit écrit plusieurs fois à l'impératrice, mais sans lui annoncer son retour. Il arriva sans être attendu. Marie Louise triste et souffrante depuis quelque temps, venoit de se mettre au lit, la dame qui devoit coucher dans la chambre voisine se disposoit à en faire autant et à fermer toutes les portes, quand elle entendit plusieurs voix dans le salon qui précédoit. Au même instant, la porte s'ouvre et elle voit entrer deux hommes couverts de grands manteaux fourrés. Elle se précipite vers la porte qui conduisoit à la chambre de l'impératrice, pour en barrer l'entrée, quand un des deux ayant écarté son manteau, elle reconnut Napoléon. Un cri qu'elle jeta avertit l'impératrice qu'il se passoit quelque chose d'extraordinaire dans la chambre voisine de la sienne, et elle alloit sauter hors de son lit quand son mari la serra dans ses bras. L'entrevue fut tendre et affectueuse. Le compagnon de l'empereur étoit M. de Caulaincourt avec qui il étoit arrivé dans une mauvaise calêche. Il avoit eu beaucoup de peine à se faire ouvrir les portes du palais, tant on étoit loin de l'attendre.

Il ne règna pas à la cour cet hiver autant de gaieté que pendant celui qui l'avoit précédé. Les fêtes y furent rares, et les plaisirs sembloient en être bannis. Napoléon fut quelque temps sombre, triste et rêveur, il se montroit peu en public, et sembloit craindre d'être mal accueilli. Il est bien certain que le prestige que l'environnoit commençoit à s'évanouir. Au lieu du héros toujours couronné par la victoire, on ne voyoit plus en lui qu'un homme sujet comme tous les autres aux vicissitudes du sort, aux caprices de la fortune, et il auroit pu s'apercevoir que sa présence n'excitoit plus le même enthousiasme, si la police n'avoit pris les plus grandes précautions pour lui cacher cette triste vérité qui auroit pu lui être salutaire. Mais tous les jours, et à toute heure, des groupes nombreux d'hommes et de femmes qu'elle soudoyoit se rassembloient sous les fenêtres de ses appartemens, et se trouvoient partout sur son passage, faisant retentir les airs d'acclamations bien payées qu'il prenoit pour une effusion véritable d'enthousiasme et d'attachement.

Cet accueil lui rendit courage, et déjà déterminé à former promptement une nouvelle armée, il chercha à se rendre populaire, parce qu'il savoit qu'aucun sacrifice ne coute aux François quand il est fait pour un prince qu'ils aiment. Il se montra davantage, visita tous les établissemens et tous les travaux publics, sans autre suite qu'un aide-de-camp, causant familièrement avec tous ceux qu'il rencontroit, et laissant sur son passage des marques de bienfaisance et de générosité. Il trouvoit quelquefois des gens qui osoient lui demander la paix, et il répondoit qu'elle étoit l'unique objet de ses désirs, que la France avoit acquis assez de gloire par les armes, et qu'il ne vouloit plus faire qu'une campagne pour assurer sur des bases solides la tranquillité de l'Europe.   Mme. de Montesquiou qui cherchoit à donner de bonne heure à son auguste élève les principes de piété qui la distinguoient elle-même, l'avoit habitué à prier Dieu matin et soir.   Depuis les désastres éprouvés en Russie elle avoit ajouté ces mots à ses prières enfantines : " Mon Dieu, inspire à papa le " désir de faire la paix pour le bonheur de la " France et de nous tous."   Napoléon se trouvoit un soir dans les appartemens de son fils à l'heure de sa prière.   Mme. de Montesquiou n'y changea rien, et l'empereur entendit l'enfant répéter les mots que nous venons de citer.   Il sourit et ne fit aucune réflexion à ce sujet.   Il connoissoit les sentimens de la gouvernante : elle avoit déjà eu le courage de lui dire ce que ses flatteurs cherchoient à lui cacher, c'est à dire combien la France désiroit la paix, et combien elle en avoit besoin. Napoléon l'écoutoit tranquillement, lui disoit qu'il vouloit la faire et changeoit de conversation.

Cependant les préparatifs pour une nouvelle campagne se faisoient avec une activité incroyable. De nouvelles armes sembloient tomber du ciel, comme celles forgées par Vulcain pour Enée ; d'immenses magasins de vivres, de fourrages et de munitions se formoient de toutes parts, et les hommes sembloient sortir de terre pour remplir les cadres des anciennes légions et en composer de nouvelles, qui venoient sucessivement passer en revue devant l'empereur. Voyant défiler un jour sous les fenêtres des Tuileries un régiment de chasseurs nouvellement formé : " Le beau régiment ! " s'écria-t-il, " cela fait venir l'eau à la bouche ! " Propos qui peignoit à la fois son ambition, sa soif de vengeance et le peu de cas qu'il faisoit du sang et de la vie des hommes.

La formation des gardes d'honneur souleva contre lui tous les anciens nobles, tous les gens riches qui avoient payé des sommes considérables pour soustraire leurs fils au service militaire en leur achetant des remplaçans, ce que plusieurs avoient été obligés de faire deux et même trois fois. Cette mesure étoit si injuste et si impolitique que bien des gens soupçonnèrent le duc de Feltre qui la proposa, d'avoir eu des intentions perfides, et d'avoir voulu par là éloigner de lui la classe la moins nombreuse sans doute, mais la plus à craindre par ses talens, ses richesses et son influence; en un mot on crut qu'il étoit gagné par quelque puissance étrangère. Sa conduite postérieure ne fut pas propre à le laver de ce soupçon, et une anecdote relative au colonel Schernicheff doit encore contribuer à l'accréditer. Je crois devoir la rapporter ici, quoiqu'elle soit antérieure d'un an, dans l'ordre des temps, aux événemens dont je parle en ce moment.

Ce Russe, qui étoit à Paris depuis quelque temps, paroissoit tout à fait étranger aux affaires politiques. Il voyoit la meilleure compagnie, fréquentoit les spectacles, faisoit la cour aux plus jolies femmes, avoit été l'amant déclaré de plusieurs, et ne sembloit vivre que pour le plaisir. Le ministre de la police soupçonna que son séjour à Paris pouvoit avoir des motifs secrets et couvrir un mystère qu'il étoit à propos d'éclaircir. Il fit suivre toutes ses démarches et apprit qu'il avoit des entrevues assez fréquentes avec un sous-chef des bureaux du ministère de la guerre. Le duc de Rovigo en prévint le duc de Feltre et lui communiqua ses soupçons. Celui-ci le rassura, et lui dit qu'il savoit que cette liaison n'étoit fondée que sur une conformité de goût pour la musique, et qu'elle ne devoit donner lieu à aucune inquiétude. La surveillance de la police n'en fut pas moins active, et le ministre apprit un matin que le colonel avoit quitté Paris tout à coup la veille au soir. Il ordonna qu'on visitât avec soin l'appartement qu'il avoit occupé. On y trouva des papiers déchirés en très petits morceaux. On les ramassa soigneusement, et on les apporta au duc de Rovigo. Il donna ordre aux plus adroits de ses agens de les rapprocher et de chercher à en connoître le contenu. La chose fut impossible, mais il fut reconnu qu'ils sortoient d'un bureau du ministère de la guerre qu'on lui indiqua. C'étoit précisément celui dans lequel travailloit le sous-chef qu'il soupçonnoit. Il s'y rendit sur le champ, et en deux heures de temps il acquit la certitude que tous les plans de la campagne en Russie, l'état de nos forces et le tableau de nos moyens avoient été vendus et fournis au colonel Russe qui étoit parti muni de toutes ces pièces. L'ordre de l'arrêter fut transmis aux frontières par le télégraphe, mais quand il arriva à Mayence, Schernicheff avoit déjà passé cette ville, et se trouvoit hors d'atteinte. Bien des gens crurent que le duc de Feltre avoit eu connoissance de sa mission et l'avoit favorisée sous main. Ce ministre avoit aussi tenu une conduite suspecte lors de la conspiration ou pour mieux dire de l'entreprise mal concertée du général Mallet. Il prétendit avoir donné des ordres pour le faire arrêter, être monté à cheval et avoir parcouru les rues de

Paris pour calmer les esprits et les détromper. Il est bien vrai qu'il fit tout cela, mais ce ne fut que lorsque la Borde eut arrêté Mallet et fait sortir de la Force le duc de Rovigo. Jusques là il étoit resté fort tranquille dans son hôtel, et sembloit attendre l'événement pour se déclarer.

La fidélité des alliés de la France en Allemagne ne paroissoit pas encore chanceler. Cependant Napoléon conçut quelques doutes sur la bonne foi de l'Autriche, et il les communiqua au duc de Bassano, ministre des affaires étrangères. Celui-ci, malgré son esprit et sa finesse, étoit l'homme le moins propre à remplir cette place importante, et déjà plus d'une fois il avoit été la dupe des étrangers. Lorsque l'empereur projetoit sa campagne contre la Russie, il voulut avoir des renseignemens sur l'état des forces que cette puissance pouvoit mettre sur pied. Le duc de Bassano avoit en ce pays un agent qui jouissoit de toute sa confiance. Il lui dépêcha un exprès qui lui rapporta une note détaillée des forces dont l'empereur Alexandre pouvoit disposer en infanterie, en cavalerie et en artillerie. Napoléon l'ayant reçue, la fit voir à Talleyrand et à Savary qui tous deux avoient été en Russie et connoissoient toutes les ressources de ce pays. L'un et l'autre l'assurèrent que cette note étoit fort au-dessous de la vérité, et que les forces de la Russie devoient se calculer au double. Le duc de Bassano prétendit que son agent n'avoit pu ni se tromper ni vouloir le tromper. Napoléon le crut, et ce ne fut que par une cruelle expérience qu'il reconnut les forces de cet empire. Au surplus, dans sa défaite en Russie, il eut la consolation de pouvoir dire qu'il n'avoit été vaincu que par les élémens, mais il devoit éprouver bientôt qu'il pouvoit l'être aussi par les hommes.

Le duc de Bassano ne se trompa pas moins en cette occasion. Interrogé par l'empereur sur les dispositions de l'Autriche, il l'assura le plus positivement possible qu'elles étoient pacifiques et amicales. Il paroît au surplus que le ministre crédule ou trompé en avoit la conviction, et il la fit partager à Napoléon. Marie Louise qui trembloit de voir rompre l'union qui avoit existé depuis son mariage entre son père et son mari, lui sut gré de la conduite qu'il venoit de tenir, et de la confiance qu'il montroit en la loyauté de l'empereur d'Autriche. Elle n'aimoit pas la duchesse de Bassano, mais depuis ce moment, elle lui accorda ses bonnes grâces et elle lui prodiguoit en toute occasion des marques de considération particulière. Toute la cour fut surprise de voir la nouvelle faveur dont la duchesse jouissoit tout à coup : on l'attribua à l'intimité qui régnoit entre elle et Mme. de Montebello, mais on se trompoit, je viens d'en indiquer la véritable cause.

Au milieu du printemps l'empereur partit pour le nord de l'Allemagne où il avoit déjà fait filer ses troupes. Avant son départ, il nomma l'impératrice régente de l'empire, et son frère Joseph président du conseil de régence. Marie Louise l'accompagna jusqu'à Mayence. On n'auroit jamais pu croire en voyant son armée qu'elle appartenoit à la même nation qui venoit d'en perdre une si belle, une si nombreuse, la campagne précédente. Tout le monde connoît l'issue désastreuse de celle-ci qui vit périr le reste de ces vieilles bandes qui avoient si long-temps enchaîné la victoire ; mais ce que peu de personnes savent, c'est qu'il y eut à Dresde de nouvelles négociations pour la paix ; que les préliminaires en étoient convenus, rédigés, et que Napoléon étoit prêt à les signer, quand une maladresse du duc de Bassano changea tout à coup ses dispositions. " Sire," lui dit-il, en lui présentant la plume qui alloit assurer le repos de l'Europe, " on ne dira pas cette " fois-ci que vous donnez la paix, mais que " vous la recevez." Le duc avoit-il quelques motifs secrets pour désirer la continuation de la guerre, ou laissa-t-il échapper ces paroles sans réfléchir aux conséquences funestes qui pouvoient en résulter, c'est ce qu'il est impossible de décider ; quoiqu'il en soit l'empereur crut voir en ce moment la gloire de toute sa vie éclipsée, jeta la plume loin de lui avec colère, et déclara qu'il ne signeroit rien. La bataille de Leipsick se donna quelques jours après, elle fut suivie de la défection des alliés, et Napoléon obligé de fuir d'Allemagne avec la même précipitation qu'il avoit fui de Russie, n'arriva à Mayence que grâce au dévouement de sa garde qui se fit hacher pour couvrir sa retraite.

La régente écrivoit souvent à l'empereur. Elle ne lui cachoit pas les dispositions de Paris et des provinces qui désiroient la paix, qui la demandoient à grands cris ; mais ses ministres étoient moins sincères, ils ne l'entretenoient que des ressources inépuisables de la France, et Napoléon croyoit avoir à sa disposition le dernier homme et le dernier écu de son empire. On venoit de recevoir à la cour la nouvelle de quelques légers succès qui rallumoient une foible lueur d'espérance, quand on vit deux mauvaises voitures arriver à St. Cloud. On reconnut l'empereur, et son retour imprévu fit juger aussitôt qu'il venoit annoncer de nouveaux désastres. L'impératrice étoit alors chez son fils. On fut la prévenir ; elle courut au-devant de son mari, et le trouva qui venoit de monter les dernières marches du palais. Elle se précipita dans ses bras en versant un torrent de larmes. Napoléon ému et attendri la serra sur son cœur avec un redoublement de tendresse, et leur fils amené par sa gouvernante vint mettre le dernier trait à un tableau de famille qui intéressa vivement le petit nombre de spectateurs qui en étoient témoins.

L'impératrice informée de la conduite de l'Autriche, craignoit le retour de l'empereur presque autant qu'elle le désiroit. Elle le trouva calme, résigné, ne désespérant pas encore de sa fortune, calculant les moyens qui lui restoient, et n'aunonçant pas la moindre disposition à rendre son épouse responsable de la défection de son père.

Il s'agissoit alors, non plus d'aller porter la guerre dans des contrées éloignées, faire des conquêtes, détruire d'anciennes monarchies et en fonder de nouvelles, mais d'empêcher l'étranger de pénétrer dans le cœur de la France, de maintenir l'intégrité du territoire François, de rassurer la couronne impériale chancelant sur le front de Napoléon. Il falloit pour cela créer une seconde fois une armée presque toute nouvelle, se procurer des armes, des munitions, des chevaux, des vivres, de l'argent et surtout des hommes. La mesure qu'on adopta étoit équivalente à l'ancienne convocation du ban et de l'arrière-ban. Dès qu'on parla de nouvelles levées d'hommes, le mécontentement fut porté au comble. Il n'éclata pas en sédition, mais il s'exhala en murmures et les ordres du gouvernement ne furent exécutés que partiellement et avec lenteur. La chambre des représentans fut convoquée. Les députés y apportèrent les vœux, et les sentimens de leurs commettans universellement déclarés pour la paix. Les revers de Napoléon avoient rendu quelque courage aux amis de la liberté. Le sénat persista dans le système de basse flatterie qui l'avoit avili aux yeux de toute la France, mais le corps législatif montra plus d'énergie et osa faire entendre la vérité. De là le fameux rapport que lui fit sa commission extraordinaire le 28 Septembre 1813, et la réponse improvisée que l'empereur fit à sa députation le 1er Janvier suivant. Ces deux pièces ont été imprimées plusieurs fois avant et depuis la restoration des Bourbons, mais toujours avec des changemens, dés retranchemens et des interpolations. Comme elles sont essentielles pour l'histoire, j'en donnerai à la fin de cet ouvrage des copies sur l'authenticité desquelles on peut compter.

Napoléon se mit à la tête d'une armée peu nombreuse et formée à la hâte, pour s'opposer à la nuée d'étrangers de tous les pays qui entroient par tous les points du nord de la France. Chaque pas qu'ils faisoient augmentoit leurs prétentions, et cependant l'empereur eut encore plusieurs occasions de faire une paix sinon glorieuse, au moins honorable. Il tint encore une fois entre les mains un traité auquel il ne manquoit que sa signature. Un succès partiel qu'il obtint malheureusement en cet instant critique, vint encore paralyser sa main. Il crut voir reparoître sur l'horison l'étoile qui l'avoit guidé si long-temps, et il déclara qu'il ne songeroit à la paix que quand il auroit forcé l'ennemi à repasser le Rhin. Ce fut alors qu'il exécuta ce mouvement savant qui devoit amener son triomphe et qui détermina sa perte. Les ennemis alloient se trouver enfermés dans un carré formé par toutes nos divisions, les paysans réduits au désespoir par le pillage des étrangers alloient former autant de troupes légères qui massacreroient les traîneurs et les fuyards ; un de ses généraux le trahit, livra passage à l'empereur de Russie et à son armée, et les troupes étrangères arrivoient sous les murs de Paris, quand Napoléon les attendoit pour leur couper la retraite.

Marie Louise et son fils étoient alors à Paris, entourés de la garde nationale à qui l'empereur les avoit solemnellement confiés en partant, et qui se montroit digne de cette confiance. Joseph qui avoit fait en Espagne l'apprentissage de la fuite, pensoit déjà à quitter Paris, et en donnoit le conseil à l'impératrice. Jérôme Bonaparte qui avoit couru jusqu'aux avant-postes qui étoient à deux petites lieues de Paris, en étoit revenu au grand galop, et jetoit dans le conseil de régence la terreur et la consternation dont il avoit été saisi à la vue des troupes ennemies qu'il avoit aperçues à l'aide d'un télescope ; Cambacérès ordinairement si gonflé de sa dignité, ne la regardoit plus que comme un fardeau trop pesant dont il auroit voulu se débarrasser pour pouvoir fuir de Paris, comme le faisoient la plupart des sénateurs et beaucoup de particuliers qui depuis vingt-quatre heures partoient en foule par la barrière de Fontainebleau, la seule qui fût complètement libre; l'impératrice n'avoit autour d'elle que des conseillers lâches ou perfides qui se réunissoient tous pour presser son départ. Elle résista long-temps, elle avoit un grand exemple dans sa propre famille, celui de Marie Thérèse. Comme elle, elle

vouloit prendre son fils dans ses bras, par-
courir la capitale, animer le zèle de la garde
nationale, encourager le peu de troupes qui
s'y trouvoient. Que risquoit-elle en prenant
ce parti? fille d'un des monarques confédérés
contre la France, elle étoit toujours sûre
d'être respectée par les troupes alliées, si elles
venoient à entrer dans Paris. En supposant
que Napoléon perdît la couronne, n'étoit-il pas
possible qu'elle la conservât à son fils? le but
de la guerre étoit la chute de Bonaparte et
non le rétablissement des Bourbons; de toutes
les puissances liguées, l'Angleterre étoit la
seule qui pût avoir cette arrière pensée. Au
contraire en quittant Paris où depuis vingt-
cinq ans le sort de la France s'étoit toujours décidé, elle renonçoit à tout espoir, et laissoit le
champ libre aux partisans de l'ancienne dynastie qui commençoient à se montrer ouvertement. Enfin ce fut Clarke, le duc de Feltre,
qui la décida au départ en lisant en plein
conseil une lettre de l'empereur où il lui
mandoit de faire partir l'impératrice et son

fils, si Paris étoit menacé, ajoutant " qu'il
" aimeroit mieux les savoir tous deux au fond
" de la Seine, qu'entre les mains des étran-
" gers." Le départ fut donc résolu dans
la nuit du 28 au 29 Mars, et le 29 à 6 heures
du matin toute la cour partit pour Rambouillet, abandonnant Paris à lui-même, sans
avoir pris aucune mesure de précaution, pas
même celle si naturelle de transférer dans une
autre ville le sénat et le corps législatif.

Je ne puis m'empêcher de consigner ici une
anecdote que bien des gens trouveront sans
doute puérile, mais qui ne laisse pas d'être
remarquable. Au moment de monter en
voiture, le jeune Napoléon qui étoit cependant accoutumé à faire de fréquens voyages à
St. Cloud, à Compiègne, à Fontainebleau, &c.
ne vouloit pas quitter sa chambre, poussoit
de grands cris, se rouloit par terre, disoit qu'il
vouloit rester à Paris, &c. sa gouvernante fit de
vains efforts pour le décider à la suivre, il
fallut employer la force pour le porter dans
une voiture.

Mme. de Montebello avoit appuyé de tout son pouvoir le projet de départ. Elle avoit déjà fait partir ses enfans que M. Guéhéneuc son père avoit accompagnés, et elle désiroit aller les rejoindre. Dans la nuit où il fut décidé qu'on se rendroit le lendemain à Rambouillet, on l'entendit rire avec sa femme de chambre à gorge déployée dans son appartement, ce qui étoit au moins bien déplacé.

La générale avoit été battue dans Paris pendant une partie de la nuit, toute la garde nationale étoit sur pied, je ne dirai pas sous les armes, car une grande portion des hommes qui la composoient n'en avoient point. Les chefs en firent demander au duc de Feltre, qui répondit qu'il n'en avoit pas à sa disposition. Cependant quand les troupes alliées furent entrées dans la capitale, elles y en trouvèrent encore des magasins considérables.

Dès sept heures du matin le bruit des canons placés sur les hauteurs de Belleville et de Montmartre se fit entendre dans toute la ville. L'artillerie Françoise étoit servie par les élèves de l'école polytechnique, jeunes gens de 17 à 20 ans qui se battirent comme des lions. Ils manquoient de boulets quand il leur arriva un caisson. Ils l'ouvrirent avec empressement, et en voyant qu'il ne contenoit que du pain ; " ce n'est pas du pain qu'il " nous faut," s'écrièrent-ils, " ce sont des " boulets." On leur en envoya, mais soit par trahison, soit par suite de la confusion qui régnoit, les boulets étoient d'un calibre à ne pouvoir servir.

Un des plus vils flatteurs de Napoléon, Regnault de St. Jean d'Angely, étoit chef d'une des légions de la garde nationale. Il conduisit sa troupe jusqu'à la barrière, s'enfuit lâchement, retourna chez lui et quitta Paris à l'instant même.

Cependant la capitale, abandonnée à elle-même, organisa un gouvernement provisoire et capitula avec les troupes alliées qui y entrèrent le lendemain. Napoléon fut presque témoin de cette entrée, car il arriva le même jour déguisé avec un de ses aides-de-camp pour reconnoître la situation des ennemis. Il perdit alors tout espoir, et retourna à Fontainebleau complètement découragé. Il y avoit encore 30,000 hommes de cette garde impériale autrefois si célèbre. Ils demandèrent à grands cris qu'il les conduisit sur Paris, jurant de vaincre ou de s'ensevelir sous les ruines de cette ville. L'empereur n'y consentit point. Il avoit trop fait pour cette ville pour vouloir la détruire. Son refus déplut aux soldats et refroidit leur enthousiasme. La trahison du duc de Raguse, les reproches de plusieurs généraux, les vérités qu'on se permettoit alors de lui faire entendre, durent lui apprendre que des flatteurs ne sont pas des amis. Enfin on le pressa d'abdiquer, et il en prit le parti.

L'impératrice n'avoit fait que passer à Rambouillet, et s'étoit rendue à Blois avec le conseil de régence et une partie de la cour. On jouissoit en cette ville de la plus grande sécurité, les troupes alliées ne s'étant pas avancées de ce côté. On laissoit ignorer à

Marie Louise tout ce qui se passoit à Paris. Les arrêtés du gouvernement provisoire, les décrets du sénat, lui étoient inconnus ; on éloignoit d'elle tous les journaux ; jamais on ne lui parloit des Bourbons ; elle ne prévoyoit donc encore d'autres malheurs que la nécessité où seroit Napoléon de faire la paix à telles conditions qu'on voudroit lui imposer ; elle étoit bien loin de croire d'ailleurs que l'empereur d'Autriche, que son propre père, voulut détrôner son gendre, et priver son petit fils d'une couronne qui sembloit devoir lui appartenir un jour. Ce ne fut que le 7 Avril au matin que la vérité lui fut connue. Une de ses premières dames qui étoit restée à Paris pour voir la tournure qu'alloient prendre les événemens, vint la rejoindre et lui apprit la véritable situation des choses, la disposition des esprits dans la capitale, et l'abdication probable et très-prochaine de l'empereur. L'impératrice reconnut alors combien elle avoit eu tort de quitter Paris, et prit la résolution d'y retourner sur-le-champ, malgré la

présence des troupes alliées dont elle sentoit
fort bienqu'elle n'avoit rien à redouter. Peut-
être sa présence eut-elle déconcerté les nouveaux projets, et déjoué les intrigues qui les
favorisoient. Malheureusement elle crut devoir
soumettre sa résolution au conseil de régence,
et elle y fut universellement désapprouvée.
Il ne s'y trouvoit que des lâches et des traîtres ;
tous se réunirent pour combattre son projet,
et il fut abandonné.   Deux jours après elle
apprit l'abdication de Napoléon, et son départ
pour l'île d'Elbe dont on lui laissoit la souveraineté.

Les chefs du parti royaliste à Paris n'étoient
pas sans inquiétude sur la détermination que
prendroit Marie Louise.   Non-seulement ils
craignoient son retour dans la capitale, mais
ils ne vouloient même pas qu'elle suivît son
mari à l'île d'Elbe, parce qu'ils sentoient que
sa présence auprès de lui pouvoit tôt ou tard
opérer une réconciliation entre lui et l'empereur d'Autriche.   Le prince de Schwartzemberg étoit à leur tête.   Il étoit un des plus

fermes soutiens du parti de l'impératrice d'Autriche, et par une conséquence toute simple, il détestoit Napoléon et n'aimoit pas Marie Louise.   Il vivoit en bonne intelligence avec Mme. de Montebello et avec le peu de personnes qui possédoient la confiance de l'épouse de Napoléon.   Il gagna les unes, trompa les autres, et les fit servir toutes à l'exécution de ses projets.   Corvisart et Caulaincourt furent du nombre de ceux qui conduisoient cette intrigue.   Dès qu'on vit l'impératrice chanceler sur ce qu'elle avoit à faire, et qu'on l'entendit parler d'aller rejoindre Napoléon à Fontainebleau, on fit partir de Blois M. de Champagny pour en porter avis au prince de Schwartzemberg, qui étoit alors dans les environs de Troyes, et celui-ci fit partir sur le champ l'hetman des Cosaques qui arriva avec sa troupe à l'instant où Marie Louise alloit se mettre en route pour Orléans.

Pendant ce temps les perfides conseillers de cette malheureuse princesse, employoient toute leur adresse pour la dissuader d'aller rejoindre son mari. On lui représentoit d'une part que le climat de l'île d'Elbe seroit funeste à sa santé, de l'autre que Napoléon précipité du trône en partie par les armes de son beau pére, et réduit à une petite souveraineté, ne la verroit plus des mêmes yeux que par le passé, et qu'elle auroit à supporter sans cesse ses brusqueries et ses reproches ; on ajouta que pour l'intérêt de son fils, elle devoit se réunir à un père qui l'avoit toujours aimé, qu'il lui assureroit certainement une principanté préférable à l'île d'Elbe ; que peut-être même lui feroit-elle prendre quelque résolution favorable à son mari.   Une seule de ses dames osa lui dire que son devoir et son honneur exigeoient qu'elle suivît Napoléon dans son exil. " Vous êtes la seule qui me teniez ce " langage," lui dit l'impératrice, " tous mes " amis, et notamment M. de Caulaincourt, " me conseillent le contraire."—" Madame," reprit celle qui lui donnoit cet avis, " c'est " que je suis peut-être la seule qui ne trahisse " pas votre majesté." Elle ne fut pas crue,

et Marie Louise préféra suivre les avis de ceux
dont elle auroit dû d'autaut plus se méfier,
qu'ils commençoient à laisser percer leurs
véritables sentimens. " Qu'il me tarde que
" tout cela finisse! " disoit Mme. de Montebello en déjeûnant avec elle, le jour même où
l'on comptoit partir pour Orléans : " Que je
" voudrois être avec mes enfans, tranquille
" dans ma petite maison Rue d'Enfer! "—
" Ce que vous me dites est bien dnr,
" duchesse! " répondit l'impératrice, les
larmes aux yeux, et elle ne lui fit pas d'autre
reproche. La duchesse avoit déjà formellement déclaré que, quoiqu'il arrivât, elle
n'iroit pas à l'île d'Elbe, et il est assez vrai-
semblable que si elle entra dans le complot
formé pour séparer Marie Louise de son mari,
ce fut pour ne pas se trouver dans la nécessité
de se déshonorer en refusant de la suivre, ou
de sacrifier son inclination en l'accompagnant.
Elle la conduisit pourtant ensuite jusqu'à
Vienne avec Corvisart, mais ce fut malgré
elle, et ce voyage leur fut bien payé à tous

deux.   Enfin il fut décidé que l'impératrice iroit joindre son père à Rambouillet.   Elle en reçut un accueil plus froid qu'elle ne s'y attendoit.   François II, quoique l'aimant toujours, ne pouvoit revoir sans quelque embarras une fille qu'il avoit d'abord sacrifiée à sa politique, et qu'il sacrifioit alors à son ambition.

Pendant le séjour que l'impératrice fit à Blois et à Orléans une correspondance journalière avoit lieu entre elle et Napoléon qui l'attendoit tous les jours.   Elle lui écrivit alors qu'elleavoit le dessein d'avoir une entrevue avec son père, et d'implorer son appui pour leur fils.   Ce projet n'ayant pas obtenu son approbation, elle lui fit écrire que sa santé exigeoit qu'elle prît les eaux, et lui demanda son agrément pour le faire.   Napoléon prévoyant qu'on vouloit le séparer de son épouse, fit partir sur-le-champ un nombreux détachement de sa garde qu'il suivit de près.   Mais en arrivant à Etampes, on apprit que Marie Louise avoit déjà passé par cette ville, se rendant à Rambouillet où se trouvoit l'empereur d'Autriche. On ne pouvoit songer à la suivre, tout le pays aux environs d'Etampes étant occupé par les troupes alliées. Napoléon retourna à Fontainebleau, ne doutant pas du cœur de son épouse, et convaincu qu'elle avoit été forcée à s'éloigner. Il ne connoissoit pas les intrigues dont on l'avoit environnée, et il avoit peine à croire encore à l'ingratitude de la plupart de ceux qu'il avoit comblés de bienfaits, et dont plusieurs n'attendirent pas son départ pour lever le masque et se montrer tels qu'ils étoient. Caulaincourt lui reprocha durement de s'être opposé à son bonheur en l'empêchant d'épouser Mme. de Canisy. " Vous allez le faire," lui répondit Napoléon, " puissiez-vous ne pas " vous en repentir !" Des maréchaux, des généraux, lui rappelloient les avis qu'ils lui avoient donnés en telle et telle occasion, et prétendoient que s'il les avoit suivis, les affaires auroient tourné tout différemment. Enfin c'étoit le lion malade de la fable, que tous les animaux viennent insulter tour à tour, et le coup de pied de l'ane ne lui fut pas épargné.   Un misérable Mameluck qu'il avoit ramené d'Egypte et attaché à son service particulier, et à qui il avoit déjà assuré 4 à 5,000 livres de rente, exigea qu'il lui fit payer 30,000 livres comptant, pour le suivre à l'île d'Elbe.   Constant qui, de valet de pied, étoit devenu son premier valet de chambre, ne voulut promettre de continuer son service que moyennant 40,000 francs.   Qu'en résulta-t-il ?   C'est que ces deux fripons, après avoir reçu l'argent, prirent la route de Paris la veille du jour où Napoléon devoit prendre celle de l'île d'Elbe.   Enfin de son nombreux domestique l'empereur ne trouva que deux valets de chambre, MM. Hubert et Pelard, qui, quoique attachés tous deux à la France par une femme et des enfans qu'ils y laissoient, consentirent à le suivre sans souiller leur dévouement par des vues sordides et mercénaires, et restèrent avec lui dans son exil jusqu'à ce qu'il eut trouvé à les remplacer.

Tandis que Napoléon parcouroit la France d'un côté pour se rendre à sa destination, Marie Louise la traversoit de l'autre. J'ai déjà dit qu'elle fut froidement reçue par son père qui n'avoit pourtant d'autre tort à lui reprocher, si ç'en étoit un, qu'une lettre, peu respectueuse à la vérité, qu'elle lui avoit écrite sous la dictée de Napoléon. Un père oublie et pardonne aisément, mais François II étoit entouré de gens qui avoient soin de rappeler à sa mémoire tout ce qui pouvoit l'aigrir contre sa fille. Profondément affligée d'un tel accueil, elle tomba malade à Rambouillet et ensuite à Grosbois où elle fut obligée de s'arrêter deux jours. Elle retourna à Vienne en passant par le Tyrol où elle fut forcée de recevoir des fêtes auxquelles son cœur prenoit peu de part, mais tels étoient les ordres de François II. Enfin elle arriva à Vienne, mais elle avoit amené une suite nombreuse et brillante qui déplaisoit à sa belle-mère et qui excitoit encore sa jalousie. On la relégua à Schœnbrunn, où elle recevoit assez souvent la visite de ses sœurs, mais très-rarement celle de son père et de l'impératrice.

On étoit parvenu à la séparer de son mari, mais ce n'étoit pas encore assez, on désiroit la déterminer à un divorce et l'on chargea de l'y décider les personnes en qui elle avoit alors le plus de confiance, et qui se laissèrent gagner à cet effet. C'étoient M. le Comte de Bausset qui étoit à la tête de sa maison, et Mme. de Brignolet qui étoit devenue sa dame d'honneur, après le départ de Mme. de Montebello qui ne resta que deux jours à Vienne, et qui en repartit avec Corvisart. Mme. de Brignolet avoua le fait à Marie Louise au lit de la mort, et lui en demanda le pardon qu'elle obtint. Elle en fit autant à l'égard de Mme. de Montesquiou à qui elle avoit rendu toutes sortes de mauvais offices tant auprès de Marie Louise, qu'auprès de l'impératrice d'Autriche. Au surplus tous les efforts furent inutiles, l'épouse de Napoléon déclara courageusement qu'elle vouloit conserver ce titre, et que jamais elle ne donneroit son consentement à aucune démarche tendant à un divorce. Ce fut en vain que sa belle mère chercha à alarmer sa délicatesse et à faire naître dans son esprit des scrupules sur la légitimité de son mariage que le Pape persistoit à ne pas reconnoître. Tout ce qu'on put en obtenir fut la promesse de se refuser à un rapprochement jusqu'à ce que son mariage eût été reconnu. Marie Louise avoit le cœur et l'esprit François et étoit véritablement attachée à la nation sur laquelle elle avoit été appelée à régner. Cette circonstance augmentoit encore l'aversion qu'avoit conçue pour elle sa belle mère qui avoit contre la France une haine invincible. Aussi n'omit-elle rien, ni insinuations artificieuses, ni propos odieux, ni calomnies atroces, pour aigrir l'esprit de l'empereur d'Autriche contre sa fille. Puissent le repentir qu'elle a témoigné de sa conduite en mourant, et les regrets qu'elle en a exprimés, lui en avoir obtenu le pardon de celui qui ne repousse jamais le coupable pénitent.

Tel étoit l'état des choses en Autriche lors-que Napoléon quitta l'île d'Elbe. Son abdication avoit été le résultat d'un traité dont les conditions avoient été garanties par les puissances alliées. La France devoit entre autres choses lui payer chaque année une somme qui avoit été déterminée, ce qui ne fut jamais exécuté. Napoléon fit de ce manque de bonne foi un des prétextes de son retour en France. Le véritable motif en fut l'ambition, et la certitude qu'il avoit de rallier autour de lui en se montrant, un parti considérable composé de tout ce qui tenoit au militaire, des acquéreurs de domaines nationaux à qui on avoit eu la maladresse de faire déjà concevoir des inquiétudes sur la sécurité de leurs acquisitions, et de tous ceux que leurs principes républicains ou révolutionnaires rendoient ennemis des Bourbons. Il ne lui falloit ni fonds, ni troupes, ni armes pour cette entreprise. Il n'avoit besoin que de sa personne et de sa fortune qui sembla d'abord vouloir encore le favoriser. Suivi d'environ onze

cents hommes qu'il n'avoit pu payer jusques
là qu'à l'aide de sa mère qui avoit vendu tous
ses diamans et qui lui en avoit apporté le prix,
chacun sait qu'il traversa la France comme
un roi qui rentre dans ses états après en avoir
fait une absence, et qu'il n'eut pas une amorce
à brûler.   Toutes les troupes envoyées contre
lui se déclarèrent en sa faveur, et tous ces
émigrés, si vaillans quand ils n'ont pas d'ennemis à combattre, ne pensèrent qu'à prendre
des chevaux de poste et à passer les frontières,
heureux de pouvoir couvrir leur lâcheté d'un
prétexte: ils suivoient le chemin que leur
avoit montré le monarque, et celui-ci trahi
par ses généraux et ne pouvant compter sur
la bravoure de ses amis n'avoit véritablement
d'autre parti à prendre que la fuite.

Assis une seconde fois, sans secousse, sans
commotion, sur un trône qu'il regardoit comme sa propriété, Napoléon commit la faute
impardonnable de rappeler près de lui les vils
flatteurs dont il devoit alors connoître la
bassesse, ou plutôt il n'eut pas la peine de

les rappeler, ils accoururent tous à lui et s'efforcèrent à force d'adulations de lui faire oublier la conduite qu'ils avoient tenue lors de son abdication forcée et de son départ pour l'île d'Elbe.

De tous ceux qui composoient sa cour l'année précédente, un seul homme n'y reparut pas en ce moment, nous arrêterons un instant sur lui les yeux de nos lecteurs. Le spectacle d'un homme de bien au milieu des intrigues d'une cour corrompue repose l'imagination fatiguée de se promener sur des bassesses et des crimes. Le comte de la Cépède, ami et digne successeur de l'illustre Buffon, grand chancelier de la légion d'honneur depuis l'origine de cette institution, avoit perdu cette place lors de la restoration de Louis XVIII, et s'étoit retiré dans un domaine qui lui appartenoit dans le département de Lot et Garonne. Quand il apprit le retour de Napoléon, il ne s'empressa pas, comme tant d'autres, de venir ramper aux pieds de son ancien maître, il resta dans sa retraite, occupé de travaux littéraires, et scientifiques, jusqu'à ce qu'un courrier lui eût apporté l'ordre de l'empereur de venir reprendre ses anciennes fonctions et présider le sénat.   Louis XVIII avoit quitté la France, l'autorité de Napoléon étoit reconnue partout, il n'avoit donc d'autre parti à prendre que l'obéissance, et il se rendit au poste qui lui étoit assigné.   Lors du retour de Louis XVIII, il fut pourtant une seconde fois dépouillé de ses fonctions et rayé en outre de la liste des sénateurs.

Jamais place ne fut si bien remplie que celle de grand chancelier de la légion d'honneur, tant que M. de la Cépède en fut investi.   Il avoit l'art de renvoyer contens même ceux qu'il ne pouvoit satisfaire.   L'empereur l'avoit nommé à la sénatorerie de Paris, ce qui avec la grande chancellerie lui donnoit droit à deux traitemens différens.   Pendant plusieurs années il n'en voulut recevoir qu'un seul, donnant aux courtisans avides qui s'engraissoient des prodigalités de l'empereur, un grand exemple de désintéressement.   Qu'avoit-il besoin

d'une grande fortune? il avoit des goûts
simples, vivoit sans faste, et consacroit à
l'étude tous les momens qu'il pouvoit dérober
aux affaires publiques. Les âmes vénales qui
entouroient Napoléon, virent cette conduite
avec peine, ils la lui firent envisager sous un
faux jour, et le comte de la Cépède reçut ordre de recevoir ses deux traitemens. Il n'en
profita que pour se livrer davantage à son penchant pour la bienfaisance. Parmi les traits
nombreux que j'en pourrois citer, je me bor-
nerai à un seul.

Un chef de bureau de la légion d'honneur,
père de famille respectable, étoit attaqué depuis
plusieurs mois d'une maladie dont les ravages
devenoient chaque jour plus sensibles, et dont
tous les caractères annonçoient qu'elle étoit
occasionnée par le chagrin. Un de ses amis
intimes parvint à lui arracher son secret et
apprit qu'une dette de 20,000 fr. contractée
pendant la révolution pour faire subsister sa
famille, qu'il n'avoit encore pu acquitter, et
pour laquelle un créancier impitoyable le

menaçoit tous les mois de poursuites rigoureuses, étoit la cause de son chagrin et de son mal. Cet ami avoit des relations habituelles avec M. le comte de la Cépède. Après avoir murement réfléchi à la situation du malade, il se rendit chez le grand chancelier, et lui en rendit compte. Il ajouta qu'une personne de sa connoissance, homme de mérite et de talens, lui prêteroit les 20,000 fr. qui lui étoient nécessaires, sans aucun intérêt, et sans autre condition que la parole de M. de la Cépède de lui donner sa place, si le chef de bureau venoit à mourir, avant d'avoir pu lui rembourser cette somme. " Cela est impossible," répondit le comte après un moment de réflexion. " J'en ai bien du regret, mais ce " seroit être injuste envers le sous-chef qui " remplit ses fonctions depuis sa maladie, et " qui mérite d'avoir sa place, si ce malheu " reux événement arrive." L'intercesseur retourna chez lui peu satisfait du résultat de sa tentative. A peine y étoit-il arrivé qu'on lui apporte une lettre du comte de la Cépède, dont voici la copie littérale.

" Monsieur,

" Veuillez remettre à notre ami M. **
" la bagatelle ci-jointe, et dites-lui bien qu'il
" ne doit songer à me la rembourser que
" lorsqu'il aura cent mille livres de rente."

" Je suis, &c.

" B. G. E. L. V. S. Cte de la Cépède."

La bagatelle jointe à la lettre étoit une somme de vingt mille francs en billets de banque.

Les hommes de ce caractère sont rares dans toutes les cours. Ils l'étoient surtout à celle de Napoléon. Assis une seconde fois sur le trône de France, et n'étant entouré que de flatteurs et de traîtres, il fit de vains efforts pour obtenir une paix qu'il désiroit alors sincèrement parce qu'il en sentoit la nécessité. La cour de Vienne chercha à lui inspirer de la sécurité en lui envoyant des émissaires qui cherchèrent à le faire croire au retour de Marie Louise qui, prisonnière en Autriche, et liée d'ailleurs par sa parole, ne pouvoit venir le rejoindre. Il n'en fit pas moins ses préparatifs de campagne, mais la fortune le trahit encore dans les champs de Waterloo, et il se trahit lui-même en abandonnant son armée dont il pouvoit encore recueillir des débris d'autant plus redoutables que le corps du maréchal Grouchy n'avoit pas été entamé, et en venant se jeter à Paris dans les mains de ses ennemis.

Il ne me reste pour terminer cet ouvrage qu'à rassembler quelques traits que je n'ai pas voulu détacher et qui serviront à compléter le portrait de Napoléon dans son intérieur, jour sous lequel il a été peu envisagé, et n'a jamais été peint sous des couleurs véritables.

Napoléon dans les camps ne craignoit aucune fatigue, bravoit les plus mauvais temps, couchoit sous une mauvaise tente, et sembloit oublier tous les soins de sa personne. Dans son palais, il se baignoit presque tous les jours, se frottoit tout le corps d'eau de Cologne, et changeoit quelquefois de linge plusieurs

fois dans la journée. Son costume de prédilection étoit celui de la garde nationale.
Dans ses voyages tout logement lui sembloit
bon, pourvu que le moindre jour ne pût pénétrer dans sa chambre à coucher. Il n'y supportoit même pas une veilleuse. Sa table
étoit chargée des mets les plus recherchés,
mais il n'y touchoit jamais. Une poitrine de
mouton grillée, des côtelettes, un poulet rôti,
des lentilles ou des haricots étoient ce qu'il
mangeoit de préférence. Il étoit difficile sur
la qualité du pain, et ne buvoit que le meilleur vin, mais en très-petite quantité. On a
prétendu qu'il buvoit tous les jours huit à
dix tasses de café. C'est une fable qu'il faut
reléguer avec tant d'autres. Il n'en prenoit
qu'une demi-tasse après son déjeûner et autant
après avoir dîné. Il est vrai cependant qu'il
étoit tellement distrait et préoccupé qu'il lui
est arrivé quelquefois de demander son café
immédiatement après l'avoir bu, et de soutenir qu'il n'en avoit pas pris. Il mangeoit très-
vite, et se levoit de table dès qu'il avoit fini,

sans s'inquiéter si ceux qui y étoient admis avoient eu le temps d'en faire autant. On a encore prétendu qu'il prenoit les plus grandes précautions pour ne pas être empoisonné. Nouveau mensonge. Peut-être n'en prenoit il pas assez. Tous les matins on apportoit son déjeûner dans une antichambre, où étoient admis indifféremment tous ceux qui avoient obtenu de lui un rendez-vous, et qui y attendoient quelquefois des journées entières. Les plats y restoient souvent déposés plusieurs heures en attendant qu'il donnât ordre qu'on servît. Le dîner étoit apporté par des valets de pied qui se passoient les plats de main en main et de salle en salle. Rien au monde n'eut été plus facile que d'y glisser du poison si l'on en eut eu l'intention.

Lorsqu'il n'étoit que premier consul, il admettoit souvent à sa table des littérateurs, des savans et des artistes. A la campagne il jouoit avec eux à différens jeux d'exercice, notamment *aux barres*, exercice de jeunesse dont il avoit conservé le goût, sans doute parce que c'est une image de la guerre. Quand il fut revêtu de la dignité impériale, il crut que le décorum lui défendoit de continuer d'agir de même, et il ne se permit plus que l'exercice du cheval qu'il aimoit beaucoup, quoiqu'il fît des chutes assez fréquentes. Il en fit une un jour à Trianon en s'amusant à poursuivre Marie Louise dans un parterre planté d'arbustes. Il se releva à l'instant, se remit en selle en riant comme un fou, et continua de courir, en criant : *casse-cou!*

Il avoit le verbe haut, et quand il étoit en gaieté, ses éclats de rire s'entendoient de fort loin. Il aimoit à chanter, quoi qu'il eût la voix très-fausse, et qu'il n'aît jamais pu mettre une chanson sur l'air. Peu de temps avant son second mariage, il chantoit souvent l'air : *Ah! ç'en est fait, je me marie,* et tellement hors de mesure, qu'il étoit impossible de l'entendre sans rire, ce dont il ne s'offensa jamais. Ce n'étoit pas dans le chant qu'il faisoit consister sa gloire.

Il aimoit le luxe et la magnificence dans toutes les occasions publiques, mais il vouloit que l'économie régnât dans l'intérieur de sa maison. Dans un voyage qu'il faisoit à Compiègne, trouvant que la voiture alloit trop lentement à son gré, il baissa la glace et cria aux piqueurs qui l'accompagnoient : " Plus " vite ! plus vite !" Caulaincourt qui, en qualité de grand écuyer, le précédoit dans une autre voiture, entendit cet ordre, et mettant la tête à la portière cria aux piqueurs en jurant, qu'il les chasseroit tous si l'on changeoit de train. Les chevaux continuèrent donc d'aller au trot. L'empereur arrivé à Compiègne se plaignit à lui de la lenteur du voyage. " Sire," répondit froidement Caulaincourt, " donnez-moi plus d'argent pour la " dépense de vos écuries, et vous pourrez cre- " ver autant de chevaux que vous le désire- " rez." Napoléon changea de conversation.

Un jour qu'il déjeûnoit avec l'impératrice, il demanda à une des dames qui y assistoient, ce que pouvoit coûter un pâté chaud qui étoit sur la table. " Douze francs pour votre ma- " jesté," lui dit-elle en souriant, " et six

" francs pour un bourgeois de Paris." " C'est
" donc à dire que je suis volé !" reprit Napoléon.　" Non, sire, mais il est assez d'usage
" qu'un roi paye tout plus cher que ses su-
" jets."　" C'est ce que je n'entends pas," s'é-
cria-t-il vivement, " et j'y mettrai bon ordre."
Effectivement il entroit dans des détails d'économie intérieure que négligent souvent bien
des particuliers.

Une autre fois qu'il se trouvoit chez l'impératrice,　il avoit oublié son mouchoir.　On lui
en présenta un appartenant à Marie Louise
et qui étoit brodé et garni de dentelles.　Il
en demanda le prix à la dame qui le lui donnoit.　" Sire," lui dit-elle, " il peut valoir de
" 80 à 90 francs. "Il s'en fit répéter le prix une
seconde fois, et l'ayant bien entendu, " eh
" bien," lui dit-il, " si j'étois une des dames
" de l'impératrice, je lui en volerois un tous
" les jours, cela vaudroit mieux que mes
" appointemens."　" Il est heureux, sire,"
lui répondit-elle en riant, " que sa majesté
" n'aît auprès d'elle que des personnes plus

" sûres et moins intéressées que vous ne vou-
" lez bien le paroître." L'empereur ne s'offensa point de cette réponse.

L'écriture de Napoléon avoit toujours été
fort mauvaise, et dans les derniers temps elle
étoit devenue illisible. Les secrétaires habi-
tués à la lire pouvoient seuls la déchiffrer.
Dans sa signature, il n'étoit possible de distinguer que les trois premières lettres et le
surplus ne consistoit qu'en quelques traits in-
formes. Rien n'étoit plus fatigant que la
place de premier secrétaire de Napoléon.
M. de Menneval la remplit pendant dix ans.
L'empereur le nomma enfin secrétaire des
commandemens de Marie Louise, et lui dit en
le lui présentant que c'étoit l'homme le plus
estimable et le plus discret qu'il eût jamais
connu, mais qu'il l'avoit tué à force de travail.
Effectivement il ne se passoit pas de nuit qu'il
ne le fît appeler pour lui dicter quelque chose,
et souvent même plusieurs fois dans une nuit.

Tel étoit l'homme qui de simple sous-lieutenant d'artillerie s'éleva au rang de souverain

de la France, et fit trembler toute l'Europe
pendant plusieurs années.   C'est injustement
qu'on lui a donné le nom d'usurpateur.   Un
usurpateur est celui qui, comme Pepin le Bref
et Hugues Capet, détrône son souverain légi-
time pour prendre sa place : le trône étoit
vacant lorsque Napoléon vint s'y asseoir, et
il y seroit probablement encore s'il eut fermé
son oreille aux flatteurs, et son cœur à une
ambition démesurée.

*Rapport fait au Corps Législatif au Nom de
sa Commission Extraordinaire le 28 Décembre, 1813.*

MESSIEURS,

La commission extraordinaire que vous avez
nommée en vertu du décret de l'empereur du
20 Décembre 1813, vient vous présenter le
rapport que vous attendez dans ces graves
circonstances.

Ce n'est pas à la commission seulement,
c'est au corps législatif en entier à exprimer
les sentimens qu'inspire la communication
ordonnée par sa majesté des pièces originales
du portefeuille des affaires étrangères. Cette
communication a eu lieu, messieurs, sous la
présidence de son altesse sérénissime l'archichancelier de l'empire. Les pièces qu'on a
mises sous nos yeux sont au nombre de neuf.

Parmi ces pièces se trouvent des notes du
ministre de France et du ministre d'Autriche,
qui remontent aux 18 et 21 Août.

On y trouve le discours prononcé par le
régent le 5 Septembre au parlement d'Angleterre. Il y disoit :

" Il n'est ni dans les intentions de sa ma-
" jesté, ni dans celles des puissances alliées
" de demander à la France aucun sacrifice
" qui puisse être incompatible avec son bon-
" heur et ses justes droits."

La négociation actuelle pour la paix com-
mence au 10 Novembre dernier. Elle s'engagea par l'entremise du ministre de France
en Allemagne. Témoin d'un entretien entre
les ministres d'Autriche, de Russie et d'Angleterre, il fut chargé de rapporter en France
des paroles de paix, et de faire connoître les
bases générales et sommaires sur lesquelles la
paix pouvoit se négocier.

Le ministre des relations extérieures, M. le
duc de Bassano, a répondu le 16 à cette communication du ministre d'Autriche. Il a déclaré qu'une paix fondée sur la base de l'indépendance générale des nations tant sur terre
que sur mer, étoit l'objet des désirs et de la
politique de l'empereur ; en conséquence il
proposoit la réunion d'un congrès à Manheim.

Le ministre d'Autriche répondit le 25 Novembre que leurs majestés impériales et le
roi de Prusse étoient prêts à négocier dès qu'ils
auroient la certitude que l'empereur des François admettroit les bases générales et som-

maires précédemment communiquées. Les puissances trouvoient que les principes contenus dans la lettre du 16, quoique généralement partagés par tous les gouvernemens de l'Europe, ne pouvoient tenir lieu de bases.

Dès le 2 Décembre le ministre des relations extérieures, M. le duc de Bassano, donna la certitude désirée.

En rappelant les principes généraux de la lettre du 16, il annonce avec une vive satisfaction que sa majesté l'empereur adhéroit aux bases proposées ; qu'elles entraîneroient de grands sacrifices de la part de la France, mais qu'elle les feroit sans regrets pour donner la paix à l'Europe.

A cette lettre le ministre d'Autriche répondit le 10 Décembre que leurs majestés avoient reconnu avec satisfaction que l'empereur avoit adopté des bases essentielles de l'équilibre et de la tranquillité de l'Europe ; qu'elles ont voulu que cette pièce fût communiquée à leurs alliés et qu'elles ne doutoient pas que les négociations ne pussent s'ouvrir immédiatement après leurs réponses.

C'est à cette dernière pièce que, d'après les communications qui nous ont été faites, s'arrête la négociation.

C'est de là qu'il est permis d'espérer qu'elle reprendra son cours naturel, lorsque le retard exigé par une communication plus éloignée aura cessé : c'est donc sur ces deux pièces que peuvent reposer nos espérances.

Pendant que cette correspondance avoit lieu entre les ministres respectifs, on a imprimé dans la Gazette de Francfort, mise sous les yeux de votre commission en vertu de la lettre close de sa majesté, une déclaration des puissances coalisées en date du 1er Décembre, où l'on remarque entre autres choses le passage suivant :

" Les souverains alliés désirent que la
" France soit grande, forte et heureuse, parce
" que la puissance Françoise grande, est une
" des bases fondamentales de l'édifice social.
" Ils désirent que la France soit heureuse,
" que le commerce Français renaisse, que les
" arts, bienfait de la paix, refleurissent, parce
" qu'un grand peuple ne sauroit être tranquille
" qu'autant qu'il est heureux. Les puissances
" confirment à l'empire François une étendue
" de territoire que n'a jamais connue la France
" sous ses rois, parce qu'une nation valeureuse
" ne déchoit pas pour avoir à son tour éprouvé
" des revers dans une lutte opiniâtre et san-

" glante où elle a combattu avec son intré-
" pidité accoutumée."

Il résulte de ces pièces que toutes les puissances belligérantes ont exprimé hautement le
désir de la paix.

Vous y avez remarqué surtout que l'empereur a manifesté la résolution de faire de
grands sacrifices, qu'il a accédé aux bases générales et sommaires proposées par les puissances coalisées elles-mêmes.

L'anxiété la plus patriotique n'a pas besoin
de connoître encore ces bases générales et
sommaires.

Sans chercher à pénétrer le secret des cabi-
nets, lorsqu'il est inutile de le connoître
pour le but qu'on veut atteindre, ne suffit-il
pas de savoir que ces bases ne sont que les
conditions désirées pour l'ouverture d'un congrès? Ne suffit-il pas de remarquer que ces
conditions ont été proposées par les puissances
coalisées elles-mêmes, et d'être convaincu
que sa majesté a pleinement adhéré aux bases
nécessaires à l'ouverture d'un congrès, dans
lequel se discutent ensuite tous les droits, tous
les intérêts? Le ministre d'Autriche a d'ailleurs reconnu lui-même que l'empereur avoit
adopté des bases essentielles au rétablissement

de l'équilibre et de la tranquillité de l'Europe, et parconséquent l'adhésion de sa majesté à ces bases a été un grand pas vers la pacification du monde.

D'après les dispositions constitutionnelles, c'est au corps législatif qu'il appartient d'exprimer les sentimens qu'elles font naître, car l'article 30 du sénatus consulte du 28 frimaire an 12, porte :

" Le corps législatif, toutes les fois que le
" gouvernement lui aura fait une communica-
" tion qui aura un autre objet que le vote de
" la loi, se formera en comité général pour
" délibérer sa réponse."

Comme le corps législatif attend de sa commission des réflexions propres à préparer une réponse digne de la nation Françoise et de l'empereur, nous nous permettons de vous exprimer quelques-uns de nos sentimens.

Le premier est celui de la reconnoissance pour une communication qui appelle en ce moment le corps législatif à prendre connoissance des intérêts politiques de l'état.

On éprouve un sentiment d'espérance au milieu des désastres de la guerre, en voyant les rois et les nations prononcer à l'envi le nom de paix.

Les déclarations solemnelles et réitérées des puissances belligérantes s'accordent en effet, messieurs, avec le vœu universel de la France pour la paix, avec ce vœu si généralement exprimé autour de chacun de nous dans son département, et dont le corps législatif est l'organe naturel.

D'après les bases générales contenues dans les déclarations, les vœux de l'humanité pour une paix honorable et solide sembleroient pouvoir bientôt se réaliser. Elle seroit honorable, car pour les nations comme pour les individus, l'honneur est dans le maintien de ses droits et dans le respect de ceux des autres. Cette paix seroit solide, car la véritable garantie de la paix est dans l'intérêt qu'ont toutes les puissances contractantes d'y rester fidèles.

Qui donc peut en retarder les bienfaits? Les puissances coalisées rendent à l'empereur l'éclatant témoignage qu'il a adopté des bases essentielles au rétablissement de l'équilibre et de la tranquillité de l'Europe.

Nous avons pour premier garant de ses desseins pacifiques, et cette adversité véritable conseillère des rois, et le besoin des peuples hautement exprimé, et l'intérêt même de la couronne.

A ces garanties peut-être croirez-vous utile de supplier sa majesté d'ajouter une garantie plus solemnelle encore.

Si les déclarations des puissances étrangères étoient fallacieuses, si elles vouloient nous asservir, si elles méditoient le déchirement du territoire sacré de la France, il faudroit, pour empêcher notre patrie d'être la proie de l'étranger, rendre la guerre nationale : mais pour opérer plus sûrement le beau mouvement qui sauve les empires, n'est-il pas nécessaire d'unir étroitement et la nation et son monarque ?

C'est un besoin d'imposer silence aux ennemis sur leurs accusations d'aggrandissement, de conquêtes, de prépondérance alarmante. Puisque les puissances coalisées ont cru devoir rassurer les nations par des protestations publiquement proclamées, n'est-il pas digne de sa majesté de les éclairer par des déclarations solemnelles sur les desseins de la France et de l'empereur ?

Lorsque ce prince à qui l'histoire a conservé le nom de grand voulut rendre l'énergie à ses peuples, il leur révéla tout ce qu'il avoit fait pour la paix ; et ses hautes confidences ne furent pas sans effet.

Afin d'empêcher les puissances coalisées d'accuser la France et l'empereur de vouloir conserver un territoire trop étendu, dont elles semblent craindre la prépondérance, n'y auroit-il pas une véritable grandeur à les désabuser par une déclaration formelle ?

Il ne nous appartient pas sans doute d'inspirer les paroles qui retentiroient dans l'univers ; mais pour que cette déclaration eût une influence utile sur les puissances étrangères ; pour qu'elle fît sur la France l'impression espérée, ne seroit-il pas à désirer qu'elle proclamât à l'Europe et à la France la promesse de ne continuer la guerre que pour l'indépendance du peuple François, et l'intégrité de son territoire ?

Cette déclaration n'auroit-elle pas dans l'Europe une irrécusable autorité ?

Lorsque sa majesté auroit ainsi, en son nom et en celui de la France, répondu à la déclaration des alliés, on verroit, d'une part, des puissances qui protestent qu'elles ne veulent pas s'approprier un territoire par elles reconnu nécessaire à l'équilibre de l'Europe, et de l'autre, un monarque qui se déclareroit animé de la seule volonté de défendre ce même territoire.

Que si l'empire François restoit seul fidèle à ces principes libéraux, que les chefs des nations de l'Europe auroient pourtant tous proclamés, la France alors, forcée, par l'obstination de ses ennemis, à une guerre de nation et d'indépendance, à une guerre reconnue juste et nécessaire, sauroit déployer pour le maintien de ses droits l'énergie, l'union et la persévérance dont elle a déjà donné d'assez éclatans exemples. Unanime dans son vœu pour obtenir la paix, elle le sera dans ses efforts pour la conquérir, et elle montrera encore au monde qu'une grande nation peut tout ce qu'elle veut, lorsqu'elle ne veut que ce qu'exigent son honneur et ses justes droits.

La déclaration que nous osons espérer captiveroit l'attention des puissances qui rendent hommage à la valeur Françoise ; mais ce n'est pas assez pour ramener le peuple lui-même, et le mettre en état de défense.

C'est, d'après les loix, au gouvernement à proposer les moyens qu'il croira les plus prompts et les plus sûrs, pour repousser l'ennemi et asseoir la paix sur des bases durables.

Ces moyens seront efficaces si les François sont persuadés que le gouvernement n'aspire plus qu'à la gloire de la paix ; ils le seront, si les François sont convaincus que leur sang ne sera versé que pour défendre une patrie et des loix protectrices : mais ces mots consolateurs de PAIX et de PATRIE retentiroient en vain, si l'on ne garantit les institutions que promettent les bienfaits de l'une et de l'autre.

Il paroît donc indispensable à votre commission qu'en même temps que le gouvernement proposera les mesures les plus promptes pour la sûreté de l'état, sa majesté soit suppliée de maintenir l'entière et constante exécution des loix qui garantissent aux François les droits de la liberté, de la sûreté, de la propriété, et à la nation le libre exercice de ses droits politiques ; cette garantie a paru à votre commission le plus efficace moyen de rendre aux François l'énergie nécessaire à leur propre défense.

Ces idées ont été suggérées à votre commission par le désir et le besoin de lier intimement le trône à la nation, afin de réunir les efforts contre l'anarchie arbitraire et les ennemis de notre patrie.

Votre commission a dû se borner à vous présenter les réflexions qui lui ont paru propres à préparer la réponse que les constitutions vous appellent à faire.

M 4

Comment la manifesterez-vous? La disposition constitutionnelle en détermine le mode. C'est en délibérant votre réponse en comité général, et puisque le corps législatif est appelé tous les ans à présenter une adresse à l'empereur, vous croirez peut-être convenable d'exprimer par cette voie votre réponse à la communication qui vous a été faite. Si la première pensée de sa majesté, dans de grandes circonstances, a été d'appeler autour du trône les députés de la nation, leur premier devoir n'est-il pas de répondre dignement à cette convocation, en portant au monarque la vérité et le vœu des peuples pour la paix.

———

Discours adressé par Napoléon à la Députation du Corps Législatif, le 1er. Janvier 1814.

Je vous avois réunis pour m'aider à faire le bien, vous avez trompé mon attente.—Vous vous êtes laissé conduire par cinq factieux.— M. Lainé est un méchant homme ; je sais qu'il est en relations avec le régent d'Angleterre par l'intermédiaire de l'avocat de Sèze.— M. Raynouard a dit que le général Masséna avoit volé des serviettes dans un château. Il a menti. (Ici sa majesté parut expliquer le fait.) L'imputation faite au général Masséna est une calomnie. Comment peut-on traiter ainsi un maréchal d'empire ?—Je sais comme on mène toutes les assemblées nombreuses. L'un se met dans ce coin-ci, l'autre dans ce coin-là, et bientôt toute la masse suit l'impulsion qu'on lui a donnée.—Parmi vous plus des onze douzièmes sont de braves gens, mais il s'y trouve aussi des intrigans, des agitateurs ; je les connois.—Il y a dans le corps législatif des magistrats recommandables, des procureurs-généraux, des juges, des maîtres des comptes, un ancien envoyé extraordinaire aux Etats-Unis, mais l'intrigue a dicté vos choix. —Dans votre commission diplomatique, dans celle qui devoit rédiger l'adresse, dans la commission des finances, ce sont toujours les mêmes hommes qu'on voit paroître.

Le rapport de vos commissaires m'a fait bien du mal. J'aimerois mieux avoir perdu deux batailles. À quoi tendoit-il ? à augmenter les prétentions de l'ennemi. Il vouloit que je cède plus que l'ennemi n'exige. Si l'on me demandoit la Champagne, il faudroit donc abandonner aussi la Brie ? oui, l'on désiroit une déclaration franche de mes sentimens :

je l'ai faite : nous ne combattons plus pour faire ni pour conserver des conquêtes, mais pour délivrer la France.

S'il a été commis des abus, il falloit me les faire connoître division par division. J'aurois mis vos commissaires en relation avec mes ministres : on auroit vérifié ces abus : nous aurions lavé notre linge sale en famille. Mais est-ce en présence de l'ennemi qu'on doit faire des remontrances ?—Le but étoit de m'humilier. On a voulu me barbouiller le visage. On peut me tuer, mais on ne me déshonorera point.

Je ne suis pas né parmi les rois, je ne tiens pas au trône.—Qu'est-ce qu'un trône ? quatre morceaux de bois doré, couverts d'un tapis de velours.—Mille chagrins environnent les trônes : mais tant que j'y serai assis, j'en défendrai les droits.—La nation a plus besoin de moi que je n'ai besoin d'elle.

Votre commission m'a plus humilié que les ennemis. Elle a dit que l'adversité est la véridique conseillère des rois. Cette pensée est vraie, mais l'application qu'on m'en fait est une lâcheté. Mes ennemis ne m'ont jamais reproché de n'être pas au-dessus de l'adversité. C'est joindre l'ironie à l'insulte,

Dans quatre mois, je publierai l'affreux rapport de votre commission. Si l'on s'avise de le colporter dans le public, je le ferai imprimer dans le Moniteur, avec des notes de ma main.

Que prétendiez-vous faire ? Nous reporter à la constitution de 1791 ? Je ne veux pas d'une constitution où je ne comprends rien. Si Louis XVI ne l'avoit point acceptée, il régneroit encore.

Comptiez-vous sur les faubourgs St. Antoine et St. Marceau ? Vouliez-vous imiter l'assemblée législative ?—Elle se laissa gouverner par les Girondins, par les Vergniaux, les Guadet. —Que sont-ils devenus ? ils sont dans le tombeau.

Qui êtes-vous, pour réformer l'état ? vous croyez être les représentans de la nation ? En Angleterre, les communes le sont, parce que c'est le peuple qui les nomme. Chez nous la constitution n'est pas telle. Ce n'est pas ma faute.—Vous n'êtes que des députés au corps législatif.—Le véritable représentant de la nation, c'est moi que quatre millions de citoyens ont trois fois proclamé leur souverain. Le sénat et le conseil d'état partagent avec moi et avant vous le pouvoir législatif.—Tous les pouvoirs se rattachent au trône, tout est dans le trône.

Je le répète, plus des onze douzièmes d'entre vous sont bons. Mais vous vous êtes laissé guider par des factieux. — M. Lainé est un traître. J'aurai l'œil sur lui et sur les méchans, et je les réprimerai.—Retournez dans vos départemens. Je compte sur le bon esprit que vous y reporterez.—Dites à vos concitoyens que les ressources de la France ne sont pas aussi épuisées qu'on le croit. Si j'éprouve encore des revers, j'attendrai mes ennemis dans les plaines de la Champagne. Dans trois mois nous aurons la paix, les ennemis seront chassés, ou je serai mort.

MÉMOIRES

SUR

LA COUR

DE

NAPOLÉON BONAPARTE

—

SECONDE PARTIE.

—

ANECDOTES DIVERSES.

ANECDOTES,

SECONDE PARTIE.

NAPOLÉON. RULHIÈRES.

Après avoir mis sous les yeux de nos lecteurs, un tableau rapide, tracé par un témoin oculaire, de l'intérieur de la cour de Napoléon, depuis son mariage avec Marie Louise d'Autriche, nous croyons devoir y ajouter quelques traits qui achèveront de faire connoître un homme extraordinaire doué par la nature de grandes qualités que l'ambition pervertit, et de vertus que la flatterie étouffa. Nous compléterons ainsi la peinture d'une cour remplie d'anciens nobles rampans, de parvenus méprisables, et où l'on ne voyoit un petit nombre de gens de bien, que pour prouver que la race n'en étoit pas entièrement éteinte en France.

Napoléon dans les premiers temps de son étonnante fortune n'imitoit pas la conduite de ces parvenus qui ne craignent rien tant que de rencontrer des témoins de leur premier état. Il accueilloit ceux qu'il avoit connus autrefois, leur rendoit service et conservoit même son ancienne familiarité avec eux. Le jour même qu'il fut nommé premier consul, il envoya un courrier à St. Denis, porter une lettre à M. Rulhières qui avoit été en même temps que lui sous-lieutenant dans le régiment de la Fère, pour lui annoncer qu'il l'avoit choisi pour son secrétaire. Il le nomma ensuite secrétaire général de la commission de gouvernement qu'il venoit d'établir en Piémont; enfin il lui donna la préfecture d'Aix-la-Chapelle. Mais jamais Rulhières n'en prit possession. Il avoit été attaqué en Piémont d'une maladie à laquelle tout l'art de

la médecine ne peut rien connoître, et il en
mourut à Paris où il étoit venu pour consulter,
le corps enflé et le sang décomposé. On
soupçonna dans le temps que cette mort n'étoit
pas naturelle. La commission de gouvernement du Piémont y avoit commis des vexations
et des pillages sans nombre, et Rulhières en
s'y opposant de tout son pouvoir s'étoit attiré
de puissans ennemis. Il étoit neveu de l'académicien Rulhières, auteur d'un petit poème
intitulé "*les Disputes*" qui fut dans le temps
attribué à Voltaire, et de "*l'Histoire de l'Anar-*
"*chie de Pologne.*" Ce dernier ouvrage n'étoit
pas terminé. Daunou fut chargé de le compléter. Mais des motifs de politique firent
que, lorsqu'on l'imprima, Bonaparte, ou plutôt
sa police, mutila les trois premiers volumes
auxquels l'auteur avoit mis la dernière main.
On y fit des changemens, des additions, des
retranchemens, on poussa même la précaution
jusqu'à anéantir le manuscrit de l'auteur afin
qu'il ne pût jamais reparoître. Mais on ignoroit que Rulhières avoit permis à un de ses

amis d'en faire tirer une copie ; elle existe encore, elle est en la possession de l'éditeur de ces anecdotes, et il est possible qu'un jour le public voie encore l'ouvrage de l'académicien, tel qu'il l'auroit avoué.

Bonaparte conserva long-temps les liaisons d'amitié qu'il avoit contractées autrefois, et devenu premier consul, il continua à recevoir familièrement à St. Cloud les amis qu'il avoit eus dans une plus humble fortune. Ce qui contribua à le faire changer de conduite à cet égard, c'est que plusieurs d'entre eux oublièrent ce qui étoit dû au chef du gouvernement de la France et le forcèrent par là à s'en souvenir lui-même. Dugazon fut de ce nombre. Un jour qu'il étoit à St. Cloud, Bonaparte crut remarquer que l'embonpoint de cet acteur augmentoit considérablement : " comme vous vous arrondissez, Dugazon ! " lui dit-il, en lui frappant sur le ventre. " Pas " autant que vous, petit papa," répondit l'histrion, en se permettant le même geste. Le petit papa ne répondit rien, mais Dugazon ne fut plus admis en sa présence.

Ysabey, peintre en miniature, ne fut pas moins indiscret. Bonaparte aimoit les jeux d'exercice, et s'y livroit souvent avec ceux qu'il honoroit de sa familiarité. Un jour qu'on jouoit à Malmaison au *Saute-mouton*,* Ysabey ne remarqua point, ou ne voulut pas remarquer que ceux que prenoient part à ce jeu évitoient de sauter par-dessus le premier consul et passoient à côté de lui pour aller franchir celui qui se trouvoit plus loin. Il n'eut pas la même retenue, et sauta sans façon par-dessus les épaules de Bonaparte. Celui-ci n'eut pas l'air de le trouver mauvais, mais il lui appliqua, en passant, une grande claque sur le derrière. " Je m'en moque," s'écria Ysabey, " il n'en a pas moins baisé mon c.." Je n'ai pas besoin d'ajouter que la porte fut à l'avenir fermée au peintre indiscret. L'empe-

N 2

---

* *Saute-mouton*, jeu où plusieurs jeunes gens se rangent sur une même ligne, à quelques pas de distance, la tête et le dos courbés, et sautent alternativement les uns par-dessus les autres.

reur lui pardonna pourtant dans la suite, car il le choisit pour donner des leçons de dessin à Marie Louise, mais jamais il ne voulut le revoir.

Talma se permit aussi quelques licences qui déplurent avec raison à Bonaparte. Il fut banni de la société intime, mais il conserva la protection du maître qui tous les ans payoit ses dettes, et lui accordoit une gratification considérable, sans avoir jamais pu l'enrichir.

Au surplus Napoléon devenu empereur renonça à toute espèce de familiarité avec ses anciennes connoissances. Il tiroit vanité d'être né gentilhomme. Il avoit découvert qu'il avoit existé en Italie une ancienne famille de son nom, et quoiqu'elle fût éteinte, il prétendit toujours que les Buonapartes d'Italie étoient la souche de ceux de Corse. Il avoit même conçu l'idée de faire fabriquer une généalogie qui fit descendre sa famille de la seconde race de nos rois : mais la crainte du ridicule qui n'auroit pas manqué de s'attacher à cette prétention, l'engagea à y renoncer.

Quoiqu'il en soit, il n'oublia rien pour donner à sa famille l'illustration qui lui manquoit, et aucun de ceux qui lui étoient liés par le sang, n'eut à se plaindre d'avoir été oublié.

Cette raison me porte à regarder comme apocryphe l'anecdote suivante, dont on n'a parlé que depuis sa chute, et dont on n'a rapporté aucune preuve, quoiqu'il eût dû être facile de s'en procurer, si elle eut été vraie. On prétend qu'il existoit en 1808 dans une auberge de Rennes nommée l'Hôtel de France, une servante dont le père, ancien soldat, se nommoit Buonaparte, et étoit natif de l'île de Corse ; que ce vieux militaire fit présenter à Napoléon une pétition où il établissoit sa parenté avec lui ; mais que l'empereur après l'avoir lue, la rejeta avec dédain en disant qu'il n'avoit point de parens parmi la canaille. Quiconque connoît un peu le caractère de cet homme extraordinaire, doit être convaincu que, si ce fait eut existé, Napoléon auroit accordé au vieillard des honneurs et des richesses, et eut fait une princesse de sa fille, ou les auroit fait jeter tous deux dans un donjon, comme de vils imposteurs.

Et pourquoi auroit-il rougi de reconnoître pour parente une fille d'auberge, lui qui avoit pour beau-frère, un ancien garçon marchand de vin, Murat, depuis roi de Naples ? ne savoit-il pas que l'éclat de la pourpre impériale fait disparoître toutes les taches qu'elle couvre ? on auroit bientôt oublié l'ancien état de ses nouveaux parens, pour ne songer qu'à leur fortune présente ; et les hommes de lettres, les poètes dont la bassesse a encensé quatre fois tour à tour Napoléon et Louis, auroient célébré l'air de noblesse et de dignité de la ci-devant servante de cabaret.

C'est une chose déplorable et honteuse de voir dans tous les siécles les lettres servir d'instrument à la plus vile adulation. Il n'a pas existé un tyran que les muses n'ayent flatté, et Lucain ose dire qu'il ne faut pas se plaindre des guerres civiles qui ont ravagé Rome ni des crimes qui les ont accompagnées, si le destin n'avoit que ce moyen pour faire arriver

Néron au trône! Mais le monument le plus curieux que la flatterie aît jamais érigé est un recueil de pièces de vers Françoises et Latines, intitulé *l'Hymen et la Naissance.* Ce fatras insignifiant, qu'on fut obligé de faire distribuer en prix aux enfans dans tous les lycées, pour en assurer le débit, fut composé à l'occasion du mariage de Napoléon et de Marie Louise, et de la naissance de leur fils, et l'on y trouve le nom de tous les auteurs qui depuis la chute du colosse, ont lâchement insulté à ses débris, et brûlé leur encens devant le nouveau dieu qui l'avoit remplacé. Une chose très curieuse, et que je puis garantir, c'est que lorsque Napoléon, de retour de l'île d'Elbe, quitta Paris pour aller prendre le commandement de l'armée rassemblée sur les frontières de la Flandre, un de ces poètes de circonstance composa une pièce destinée pour le théâtre du Vaudeville, qui, au moyen d'un petit nombre de changemens très - légers, pouvoit servir également à célébrer le triomphe de Napoléon, ou le retour de Louis XVIII.

Heureusement pour l'honneur de la France, la versatilité d'opinion des poètes n'est pas une maladie qui lui soit particulière, et l'Angleterre même offre encore en ce moment des exemples fameux d'écrivains qui ont soufflé tour à tour le froid et le chaud, en matières politiques.   Cette bassesse au surplus ne se renfermoit pas dans le cercle des hommes de lettres.   Tout ce qui tenoit à la cour en étoit infecté.   Un prédicateur osa prendre pour texte de son sermon ces mots de l'évangile de St. Jean *fuit homo missus a Deo*, et il en fit l'application à Napoléon.   Le malheureux suppliant à qui il daignoit accorder une audience,   quoique   porteur d'une lettre qui lui mandoit de se trouver au palais tel jour et à telle heure, étoit quelquefois obligé de passer trois jours entiers dans l'antichambre avant de pouvoir être admis en sa présence, parce que les chambellans n'osoient rappeler à l'empereur le rendez-vous qu'il avoit donné. Il falloit qu'il s'en souvint lui-même, ou que le hasard le fît passer dans l'antichambre, ou qu'une circonstance favorable permît qu'on prononçât devant lui le nom de celui qui attendoit. Aussi nul corps n'étoit-il plus avili dans l'opinion publique que celui des chambellans, si l'on en excepte le sénat qui avoit attiré sur lui le mépris général par la bassesse avec laquelle il adoptoit servilement et sans la moindre observation, tous les projets de sénatus consultes qui lui étoient adressés. Un sénateur, qui avoit la confiance de Napoléon, lui représenta un jour que, pour rendre à ce corps un peu de considération, il faudroit lui envoyer un décret dont le rejet seroit convenu d'avance. " Non, non ! " répondit l'empereur : " il pourroit s'y accoutumer."

Ce fut pour environner son trône de splendeur, que Napoléon rappela les émigrés. Plusieurs de ses généraux cherchèrent en vain à l'en détourner, en lui inspirant des craintes sur les complots qu'ils pourroient tramer dans l'intérieur. L'événement prouva qu'ils se trompoient. Les émigrés rentrés furent aussi fidèles à leur nouveau maître, et rampèrent aussi humblement à ses pieds que les fiers enfans de la révolution. Les uns et les autres ne l'abandonnèrent que lorsque sa fortune l'abandonna. Peu content de leur rouvrir l'entrée de la France, il en attacha un grand nombre à sa personne, non par un sentiment de bienveillance pour eux, mais parce que sa vanité étoit flattée d'entendre les noms illustres consacrés dans les annales de son empire, figurer parmi ceux de ses valets, car il considéroit comme tels tous ceux qui remplissoient quelque emploi à sa cour, et il se faisoit un plaisir de le leur faire sentir. Un matin qu'un de ses chambellans appartenant à la première noblesse de France étoit dans l'antichambre du cabinet de l'empereur, celui-ci l'appela, et lui demanda du bois. " Sire," dit le chambellan, " les valets sont sortis, " mais je vais les sonner."—" Ce n'est point " à eux que j'en demande," reprit Napoléon, " c'est à vous. Quelle différence y a-t-il " entre eux et vous ? ils ont une livrée verte " galonnée, et vous en portez une rouge " brodée."

Il disoit aussi en parlant de ses chambellans :
" n'étoit-il pas juste d'ouvrir la porte de l'anti-
" chambre, à des gens qui n'ont jamais eu le
" courage de chercher à obtenir une place
" dans le temple de la gloire ? "

Il auroit eu trois cents places de chambellan à donner qu'elles n'auroient pas suffi
pour contenter les nobles et les émigrés qui en
sollicitoient. Il accordoit pourtant quelquefois cette distinction à des gens qui n'en
étoient nullement jaloux, et on ne cite qu'un
seul homme qui eut le courage de refuser.
C'étoit le fils d'un ancien duc et pair de
France. Le ministre de la police le fit venir,
et lui apprit que l'empereur l'avoit nommé un
de ses chambellans. " Je suis très-sensible à
" cet honneur," dit le duc, " mais je ne puis
" accepter cette place."—" Pourquoi cela ? "
—" Parce que je ne veux pas être chambel-
" lan."—" Vous ne voulez pas ? croyez-vous
" donc qu'il y ait une volonté supérieure à
" celle de l'empereur ? "—" Oui, sans doute :
" celle de l'homme qui ne craint ni l'exil, ni

" la prison, ni la mort." A ces mots il se retira, et partit pour une de ses terres, et, contre son attente, il ne fut ni fusillé, ni emprisonné, ni même exilé.

Tout le monde a entendu parler du beau trait que fit Napoléon, quand en présence d'une femme éplorée qui lui demandoit la grâce de son mari, il brûla une lettre qui étoit la seule preuve existante de sa trahison. Il est trop connu pour le citer en détail. En voici un du même genre qui a eu moins de publicité.

Après la bataille décisive d'Iéna, l'armée Françoise commandée par Napoléon étoit attendue à Weymar. Les gens les plus riches et les plus distingués de cette ville, et notamment les membres de la famille régnante s'enfuirent à Brunswick, parceque, le duc servant dans l'armée Prussienne avec ses troupes, on craignoit la vengeance du vainqueur. La duchesse seule résolut de ne pas abandonner sa capitale. Elle se retira dans une aile de son palais avec ses dames d'honneur, et fit préparer les grands appartemens pour l'empereur. Dès qu'il arriva, la duchesse, quittant le petit logement qu'elle s'étoit réservé, se plaça au haut du grand escalier, pour le recevoir avec le cérémonial convenable. " Qui êtes-vous ?" lui dit Napoléon en la voyant.—" Je suis la " duchesse de Weymar."—" En ce cas, je " vous plains, car j'écraserai votre mari." Il ne lui accorda pas plus d'attention, et se retira dans l'appartement qui lui étoit destiné.

Le lendemain matin, la duchesse apprit que le pillage commençoit déjà dans la ville. Elle envoya à l'empereur un de ses chambellans pour s'informer de sa santé et lui demander une audience. Cette démarche plut à Napoléon et il fit dire à la duchesse qu'il iroit lui demander à déjeûner. A peine étoit-il arrivé qu'il commença, suivant son habitude, à la questionner. " Comment votre mari, mada- " me, a-t-il pu être assez fou pour me faire la " guerre ?"—" Votre majesté l'auroit mé- " prisé, s'il eut agi autrement."—" Pour- " quoi cela ?"—" Mon époux à passé trente

" ans au service de la Prusse. Ce n'est pas
" au moment où le roi avoit à lutter contre
" un ennemi aussi puissant que votre majes-
" té, que le duc pouvoit l'abandonner avec
" honneur." Cette réponse aussi adroite que
convenable parut adoucir l'empereur. —
" Mais comment se fait-il que le duc se soit
" attaché à la Prusse?"—" Votre majesté
" ne peut ignorer que les branches cadettes
" de la maison de Saxe, ont toujours suivi
" l'exemple de l'électeur. Or la politique
" de ce prince l'ayant engagé à s'allier avec
" la Prusse plutôt qu'avec l'Autriche, le duc
" n'a pu se dispenser d'imiter le chef de sa
" maison." La conversation roula encore
quelque temps sur le même sujet. La duchesse continua à montrer autant de ressources
dans l'esprit que d'élévation dans l'âme. Enfin Napoléon s'écria en se levant : " Madame,
" vous êtes la femme la plus respectable que
" j'aie jamais connue. Vous avez sauvé
" votre mari. Je lui pardonne, mais c'est à
" vous seule qu'il le doit." En même temps il

donna ordre de faire cesser le pillage de la ville, et l'ordre y fut rétabli en un instant. Quelque temps après il signa un traité qui assuroit l'existence du duché de Weymar, et il donna ordre au courrier qui en étoit porteur de le présenter à la duchesse.

Depuis qu'il est devenu à la mode de refuser toute espèce de talent, toute espèce de mérite, à un homme qui bien certainement a conçu et exécuté de grandes choses, on a cherché à le priver de la gloire même de ses actions les plus éclatantes. Par exemple, on a osé dire que son célèbre passage du pont de Lodi n'étoit pas un acte de bravoure, mais une ruse de guerre qui lui avoit réussi ; que le drapeau qu'il tenoit en main lorsqu'il se précipita sur le pont étoit presque blanc, et que les ennemis le prenant pour un parlementaire firent cesser le feu pendant son passage. Pouvoit-on imaginer une fable plus absurde ? il faudroit supposer que les ennemis étoient foux ou frappés d'aveuglement pour croire qu'ils ayent pu prendre pour un parlementaire

un militaire qui marchoit vers eux, non pas
seul, non pas escorté de quelques hommes,
mais suivi de troupes nombreuses qui occupoient toute la largeur du pont, et qui avançoi-
ent au pas de charge.

On a été bien plus loin. On a renouvellé
les fables des siécles d'ignorance et de barbarie,
et l'on a cherché hors de la nature un coadjuteur à Napoléon. On n'a eu recours ni à l'esprit familier de Socrate, ni à la nymphe de
Numa, ni à la biche de Lucullus, c'est le
diable du Moine et du docteur Faust qu'on a
évoqué. Voici le conte ridicule qu'on fit
courir à cet égard, au commencement de
1814.

Napoléon, n'étant encore que Bonaparte,
général de l'armée d'Egypte, se trouvoit un
jour avec quelques-uns de ses officiers près des
grandes pyramides. Tout à coup un homme
vêtu d'un grand manteau rouge qui le couvroit
de la tête aux pieds, se présente à lui et demande à lui dire deux mots en particulier.
Après un instant de conversation, le général

annonça à ses officiers qu'il alloit entrer dans la pyramide avec l'inconnu, leur défendit de le suivre, et leur ordonna de l'attendre. Au bout d'une heure, il en sortit seul, ne dit pas un mot de ce qui s'étoit passé entre lui et l'étranger, mais parut avoir un air de satisfaction. Le lendemain il livra et gagna la bataille des pyramides. Rien n'étoit moins surprenant : il venoit de faire avec un esprit infernal un pacte qui lui assuroit le succès de toutes ses entreprises pendant un terme convenu. Près de dix ans se passèrent sans qu'on entendit parler de l'homme au manteau rouge. Il reparut quelques jours avant la bataille de Wagram, eut encore une conférence d'une heure avec Napoléon, mais on ignore quel en fut le résultat. La fortune de l'empereur se maintint encore quelque temps, mais son protecteur le délaissa cruellement en Espagne et surtout en Russie. Quoiqu'il en soit, l'inconnu reparut une troisième fois, au moment où Napoléon se disposoit à partir pour sa malheureuse campagne de Leipsick. Entré dans le château des Tuileries, il demanda à parler à l'empereur. On juge bien qu'il éprouva d'abord des difficultés : mais il parla si haut, déclara si formellement qu'il falloit qu'il le vît et qu'il le verroit, que le chambellan de service prit le parti de prévenir Napoléon qu'un homme vêtu d'un manteau rouge, qui refusoit de dire son nom, prétendoit avoir à l'entretenir sur le champ d'affaires importantes. L'empereur changea de visage, et ordonna qu'on le fit entrer à l'instant. De quoi fut-il question dans cette conférence, et combien de temps dura-t-elle, c'est ce que personne ne put savoir, car elle n'eut aucun témoin, et l'on ne put même deviner comment l'homme au manteau rouge avoit disparu, car deux heures après, l'empereur sonna pour qu'on lui servit son déjeûner, il étoit seul, et personne n'avoit vu sortir l'inconnu.

Nous ne ferons pas à nos lecteurs l'injure de discuter l'absurdité de ce conte ridicule, qui trouva pourtant crédit auprès de quelques esprits foibles. Nous ne l'avons cité que pour démontrer l'acharnement avec lequel on a attribué tous les succès de Napoléon à des causes étrangères à lui-même, indépendantes de ses talens et de ses combinaisons.

Il est très-vrai pourtant que depuis sa fatale campagne de Russie, il perdoit tous les jours dans l'opinion publique. A l'instant où ses armées arrivoient en Saxe l'année suivante, un de ses partisans vantoit encore ses ressources, en présence d'une princesse de la famille royale qui ne partageoit pas ce sentiment, et lui disoit que grâce à ses armes et à sa protection, les Saxons se trouveroient bientôt comme en paradis. " Je n'en puis douter," répondit la princesse, " car il les a déjà mis tout nus." Il avoit jusques là inspiré l'admiration et la crainte, seuls sentimens qu'il eut jamais obtenus de ses sujets : l'un déjà affoibli dans les champs de Moskou finit par s'évanouir entièrement dans ceux de Leipsick, et l'autre diminuoit en proportion des revers qu'éprouvoit celui qui l'avoit fait naître. On en vit une preuve bien évidente dans la conduite que tinrent les élèves des écoles de droit et de chirurgie, quand, les ennemis ayant entamé le territoire François et marchant sur la capitale, on voulut les organiser en légion. Toute l'éloquence de leurs professeurs n'ayant pu parvenir à les électriser, le sénateur comte de l'Espinasse reçut ordre d'aller haranguer ces jeunes réfractaires. C'étoit l'homme le moins propre à réussir dans une pareille mission. Il n'étoit connu dans Paris que par une lésinerie qui auroit pu fournir à Molière des traits dignes de figurer dans son *Avare*. Il arriva dans le moment où les élèves étoient rassemblés pour écouter la leçon d'un professeur. A peine avoit-il ouvert la bouche que les éclats de rire, les huées, les sifflets, les applaudissemens ironiques, lui coupèrent la parole. Après quelques efforts infructueux pour rétablir l'ordre et le silence, il prit le parti de se retirer. Mais un autre accident l'attendoit. Quelques élèves avoient brisé une roue de sa voiture. Il fut obligé de gagner à pied la place de fiacres la plus voisine, escorté d'environ deux cent jeunes gens qui continuoient à lui faire entendre le même concert qui l'avoit accueilli dans la classe, et qui le reconduisirent ainsi jusques chez lui.

Quelques jours après, un autre sénateur se trouvant avec le savant M.' Percy, lui témoigna sa surprise de la conduite qu'avoient tenue en cette occasion les élèves en chirurgie.— " Que voulez-vous ? " répondit celui-ci : " nos " élèves savent guérir les blessures, mais ils " ne veulent pas apprendre à en faire."

L'école de chirurgie fut témoin d'une autre scène peu de temps après. Louis XVIII étant rétabli sur le trône de ses pères, on fit disparoître le buste de Napoléon qui décoroit la classe, et l'on y substitua celui du roi. Le lendemain à l'ouverture de la classe, on vit avec surprise et consternation un bout de corde passé autour du cou du nouveau buste. On se hâta de faire disparoître toutes traces de cette insulte, mais le jour suivant le buste étoit au milieu de la salle, brisé en morceaux. Jamais on ne put découvrir les auteurs et complices de ce double attentat.

Cette dernière anecdote étoit sans doute

étrangère à notre sujet, mais nous avons cru devoir la rapporter, parce qu'elle fait un contraste frappant avec celle qui la précède. J'en reviens à Napoléon. On sait qu'il avoit d'abord vécu dans la meilleure intelligence avec le pape Pie VII qui avoit fait pour lui plus que Zacharie l'un de ses prédécesseurs n'avoit fait pour Pépin, puisque celui-ci s'étoit contenté d'envoyer un légat pour couronner le fondateur de la seconde dynastie, et que le pape actuel étoit venu lui-même pour le couronnement de l'homme qui comptoit être la tige d'une quatrième. Mais Pie VII ayant refusé de reconnoître la validité du divorce de Napoléon avec Joséphine, et de son mariage avec Marie Louise, il en résulta une rupture ouverte, et le pape lança contre lui les foudres du Vatican. La sentence d'excommunication fut envoyée à Paris à l'abbé d'Astros, nommé grand vicaire capitulaire de l'archevêché de Paris, attendu la vacance du siége, et celui-ci la fulmina secrètement à la porte de l'église de Notre Dame, en présence de quelques membres du chapitre, de la discrétion desquels il se croyoit sûr. Il se répandit dans Paris des copies du bref d'excommuni- cation, il y fut même imprimé. Le comte Por- talis, conseiller d'état, directeur-général de la librairie et de l'imprimerie, en fut informé, ne prit aucunes mesures pour réprimer cette au- dace, et n'en rendit même pas compte à l'em- pereur.

Le duc de Rovigo, ministre de la police, ne tarda pas à être informé de tout ce qui s'é- toit passé, et comme il étoit ennemi secret de Portalis, il ne manqua pas d'en faire un rap- port circonstancié. Napoléon entra dans un des accès de colère auxquels il étoit sujet, et comme il devoit en ce moment tenir un con- seil d'état, il y arriva violemment agité. Cha- cun gardoit le silence, et l'empereur laissoit seulement échapper quelques mots entre- coupés, parmi lesquels on n'entendit dis- tinctement que le mot *bigot*, épithète qu'il appliquoit probablement à l'abbé d'Astros ou à Portalis.

Bigot de Préameneu, conseiller d'état, étoit présent à la séance.. Ce mot frappa son oreille. Il crut que l'empereur l'appeloit. " Sire ? " dit-il en se levant. " Que voulez-vous ? " dit Napoléon.—" J'ai cru que votre majesté me " parloit." — " Point du tout... mais oui... " un moment...Bigot, je vous nomme minis- " tre des cultes." Et c'est ainsi que ce nou- veau ministère fut institué.

Portalis arrivoit à l'instant. Il se disposoit à prendre sa place ordinaire. " Restez de- " bout ! " lui dit l'empereur, " et répondez- " moi. Savez-vous ce qui s'est passé il y a " trois jours à Notre Dame ? Ne balbutiez " pas. Point de détours jésuitiques."

—" Je savois, sire...."

—" Ah ! vous le saviez ! et vous ne m'en " avez pas instruit ! on m'avilit publiquement, " et vous gardez le silence ! On ose publier " dans ma capitale une bulle d'excommunica- " tion contre moi, et vous ne faites pas jeter " dans un cachot, pieds et poings liés, le té- " méraire qui a eu cette insolence ! "

—" J'ai cru, sire, qu'en sévissant publique-
" ment contre un homme qui avoit cru rem-
" plir son devoir, je ne ferois qu'attirer sur
" lui l'intérêt qui s'attache toujours à un
" martyr. J'ai cru devoir ensevelir dans
" l'oubli...."

—" Votre devoir étoit de me consulter....
" Je suis fâché de tout ceci pour la mémoire
" de votre père....je ne vous soupçonne pas
" de mauvaises intentions, mais vous êtes un
" sot, un imbécille.... sortez ! "

Quelques jours après, l'abbé d'Astros,
pour se conformer à l'usage, fût obligé de se
présenter devant l'empereur à la tête du chapitre de Notre Dame, pour lui offrir les complimens du nouvel an. Dès que Napoléon
l'aperçut, il s'avança vers lui, et lui dit d'une
voix tremblante de colère : " C'est donc vous
" qui voulez allumer dans mes états le feu de
" la sédition ; qui trahissez votre souverain
" pour exécuter les ordres d'un prêtre étran-
" ger ? Je ne veux ni révolte, ni fanatisme,
" ni martyr.... je suis chrétien.... chrétien

" comme Bossuet, comme Fénélon, et non
" comme l'infâme Grégoire VII.... je saurai
" soutenir les droits de ma couronne contre
" ceux qui lui ressemblent.... Dieu m'a
" armé du glaive.   Que vous et vos pareils
" ne l'oublient pas ! "

L'abbé d'Astros voulut répliquer. Un geste impératif de Napoléon, l'obligea de se retirer. Il se rendit chez lui, et deux heures après, il fut arrêté et conduit en prison.

Bien des gens ne voulurent voir dans l'abbé d'Astros qu'une victime de son zèle apostolique.   Mais les apôtres ont ordonné l'obéissance aux souverains de la terre, et cette obéissance ne pouvoit pas se concilier avec la démarche qu'il s'étoit permise, et il est difficile de regarder son arrestation comme un de ces actes d'injustice et de despotisme qui n'eurent lieu que trop souvent sous le gouvernement de Napoléon, parce qu'il existe à peine un seul gouvernement qui ne s'en permette de semblables.   Au surplus ce n'étoit pas seulement parmi le clergé qu'il rencontroit des obstacles à ses volontés, il en trouva plus d'une fois dans sa propre famille.

Lucien, doué d'un caractère ferme et indépendant, ne plia jamais sous la volonté de Napoléon, et lui parla toujours avec liberté et franchise. Lorsque Bonaparte, alors premier consul à vie, voulut se faire nommer empereur, il s'y opposa de tout son pouvoir, et ayant reconnu l'inutilité de ses efforts, " votre ambition ne connoît pas de bornes," lui dit-il, " vous êtes maître de la France, " vous voudrez l'être de l'Europe entière. " Savez-vous ce qu'il en résultera ? c'est que " vous serez brisé comme cette montre," ajouta-t-il en jetant avec violence sa montre contre le parquet.

Plusieurs scènes semblables déterminèrent Lucien à quitter la France. Son projet étoit de se rendre dans les Etats-Unis. Les circonstances le conduisirent en Angleterre, puis en Italie. Partout il vivoit avec économie quoiqu'il fut très-riche, et comme on lui en demandoit un jour la cause, " ne voyez-vous

" pas," répondit-il, " que je puis avoir d'un
" moment à l'autre quatre ou cinq rois sur les
" bras ? "

Louis qui auroit été un particulier estimable, devenu roi contre son gré, n'avoit pas assez d'énergie pour s'opposer ouvertement aux volontés de Napoléon, mais il ne le contrarioit pas moins en laissant violer impunément ses décrets. L'empereur avoit ordonné que tous les ports de la Hollande fussent fermés au commerce Anglois. Louis avoit publié cette défense dans ses états, cependant il étoit notoire que les marchandises Angloises arrivoient sans obstacles à Amsterdam et dans toutes les villes maritimes, parce que Louis sachant que la Hollande ne pouvoit exister sans commerce, fermoit les yeux sur les infractions à des ordres qu'il avoit donnés malgré lui. Aussi étoit-il, en général, aimé de ses nouveaux sujets qui lui attribuoient le peu de bien qu'il pouvoit faire, et qui rejetoient sur Napoléon tous les maux qu'ils éprouvoient. Ils regrettoient leur ancien gouvernement,

mais ils disoient que puisque le destin avoit
voulu que la France leur donnât un roi, ils
préféroient Louis à tout autre.

Il avoit allégué sa mauvaise santé comme
une excuse pour ne pas accepter la couronne,
disant que le climat de la Hollande lui seroit
certainement funeste. " Qu' importe ? " lui
répondit son frère, " si vous mourez, vous
" mourrez sur le trône."

Lorsque Louis, fatigué de n'être qu'un
gouverneur de province revêtu du titre de roi,
eut pris le parti d'abdiquer, Napoléon n'en
fut pas moins contrarié. " Ce malheureux
" là," dit-il à un de ses confidens, " semble
" avoir pris à tâche de justifier l'opinion de
" ceux qui s'obstinent à ne regarder mes
" frères que comme des roitelets."

Joseph fut toujours l'humble instrument des
volontés de son frère. Il ne possédoit pas
plus que Louis les qualités d'un roi, et il
avoit de moins que lui celles qu'on estimeroit
dans un particulier. Il avoit la tête foible, le
cœur dépravé, l'esprit borné et sans ressources.

Il ne se distinguoit que par une poltronnerie sans égale. Sentant chanceler sous lui le trône d'Espagne, il ne s'occupa, de même que la plupart des généraux qui servoient dans ce pays, qu'à amasser des richesses. Lorsqu'il prit honteusement la fuite de Madrid, il partit dans une voiture qu'il avoit remplie de bijoux précieux, et de tableaux de prix dont on avoit détaché les cadres pour qu'ils occupassent moins de place. Mais il trouva qu'elle n'alloit pas assez vite au gré de ses désirs. La peur fut plus forte que la cupidité. Il descendit de voiture, abandonna ses trésors, monta à cheval, et s'enfuit au grand galop. L'événement prouva pourtant qu'il n'avoit pas conçu une terreur panique, car quoique la voiture continûat à s'avancer vers les frontières le plus promptement possible, elle fut atteinte et prise par un détachement de l'armée Angloise.

Lorsque l'armée des alliés n'étoit plus qu'à trois lieues de Paris, et que le départ de l'impératrice et de son fils furent résolus, le conseil de régence décida que Joseph resteroit à Paris pour veiller à la sûreté de la capitale, détermination qui sans doute ne lui fit pas grand plaisir. Ce roi fuyard osa pourtant adresser aux Parisiens, le 29 Mars, une proclamation pour les exhorter à défendre leur ville avec courage, et pour leur prouver qu'il ne falloit pas désespérer du salut public, il y disoit ces paroles remarquables. " Le con-" seil de régence a pourvu à la sûreté de " l'impératrice et du roi de Rome : JE RESTE " AVEC VOUS." Cette rodomontade valut à son auteur l'épigramme suivante ;

> Le grand roi Joseph, pâle et blême,
> Pour nous sauver reste avec nous :
> Croyez, s'il ne nous sauve tous,
> Qu'il saura se sauver lui-même.

Jérôme, le plus jeune de tous les frères, étoit celui d'entre eux que la nature avoit le plus disgracié. Son extérieur désagréable n'étoit pas même racheté par un air de noblesse et de dignité. Il n'avoit ni esprit naturel, ni instruction ; ni honneur, ni courage. Aussi

violent que Napoléon, il avoit de plus que lui
cette dissimulation qui fait sourire à la victime
qu'on va frapper.   Après avoir épousé en
Amérique une femme estimable qui, dans ce
temps, avoit fait sa fortune, il eut la lâcheté
de l'abandonner au premier signal de son frère,
bien différent de Lucien que ni prières, ni
ordres, ni menaces ne purent décider à se
séparer de celle dont il avoit fait choix.   Tant
qu'il resta à Paris, il ne se plaisoit qu'à faire
des parties de débauches dans de mauvais
lieux, avec des amis dignes de lui ; il s'y com-
porta un jour de manière à forcer la maîtresse
du logis à appeler la garde, et il se vit forcé,
pour ne pas aller en prison, de décliner son
nom et sa qualité.   Il tint la même conduite
en Westphalie : nulle femme n'y étoit à l'abri
de sa brutalité, et il ne sembloit être roi que
pour pouvoir piller à son aise, et se livrer sans
contrainte à tous les excès.

Lorsqu'il se trouva forcé d'abandonner la
Westphalie, de la même manière que Joseph
avoit quitté l'Espagne, il ne laissa que les qua-

tre murailles dans les châteaux de Cassel et de Brunswick qui avoient été meublés magnifiquement aux dépens du pays. De toute sa garde, il ne lui restoit que quarante cuirassiers Westphaliens qui, par un sentiment de loyauté militaire, avoient voulu l'escorter jusqu'à ce qu'il se trouvât en sûreté. En arrivant à Cologne, son premier soin fut de les faire dépouiller de leurs armes, de leurs chevaux, et même de leurs uniformes, et ce fut en les renvoyant presque nus, qu'il leur témoigna sa reconnoissance.

En dépit de la royauté de Jérôme, Napoléon qui le méprisoit souverainement, lui donnoit sans cesse les leçons les plus humiliantes, et lui adressoit sans ménagement les vérités les plus dures. " Si la majesté des rois " se trouve empreinte sur leur front," lui dit-il un jour, " vous pouvez voyager incognito, " jamais vous ne serez reconnu."

Ce digne prince, ayant pour coadjuteur son frère Joseph, voulut pourtant un jour faire un acte de vigueur. Après l'occupation de Paris par les troupes alliées, Marie Louise, alors à Blois, après avoir hésité long-temps sur le parti qu'elle devoit prendre, s'étoit déterminée à aller joindre son père à Rambouillet.   Cette résolution ne put rester long-temps secrète.   Jérôme et Joseph en furent informés, et pensant toujours, non au salut de l'état, non aux intérêts de cette princesse malheureuse, mais à leur sûreté personnelle, ils conçurent le projet de l'emmener avec eux pour la faire servir en quelque sorte d'ôtage.   Décidés à se rendre eux-mêmes au delà de la Loire, ils avoient tout disposé pour leur départ, et avoient même fait préparer deux voitures pour l'impératrice et sa suite.   A l'instant qu'ils avoient fixé pour partir, ils se rendirent chez elle, lui dirent qu'elle et son fils n'étoient plus en sûreté à Blois, que les ennemis pouvoient y arriver d'un instant à l'autre, et qu'il falloit se retirer sur l'autre rive de la Loire.   Marie Louise demanda s'ils en avoient reçu l'ordre de l'empereur?   Ils n'osèrent ajouter le mensonge à la violence, et répétèrent seulement qu'il falloit qu'elle partît à l'instant. La princesse résistant encore, ils la prirent chacun par un bras, et se disposèrent à l'entraîner de vive force. L'impératrice poussa de grands cris qui ne tardèrent pas à attirer dans son appartement les offciers de sa garde. Mais les deux rois avoient déjà disparu. Les deux Hercules réunis n'avoient pu résister aux amazones qui se trouvoient près de l'impératrice, et deux ou trois femmes de chambre avoient mis en fuite les têtes ci-devant couronnées.

Ce roi Jérôme aimoit à faire des plaisanteries, mais il n'avoit pas l'esprit d'en faire de bonnes, et il avoit souvent le malheur de les tourner de manière à ce qu'elles retombassent sur lui. Un jour qu'il se promenoit incognito dans le jardin du Luxembourg avec quelques gens de sa trempe, il y vit une dame d'un âge respectable dont la mise étoit fort antique, et avoit peut-être été à la mode sous le règne de Louis XV. il s'arrêta à quelques pas d'elle, ricanant avec ses compagnons en la regardant.   Enfin s'approchant d'elle avec des démonstrations extérieures de respect, " Madame," lui dit-il, " je suis amateur pas-" sionné des antiques, et je n'ai pu voir votre " robe sans éprouver le désir d'y imprimer " un baiser d'admiration.   Me le permettez-" vous ?"—" Volontiers, Monsieur," lui ré-pondit la maligne douairière, " et si vous " voulez vous donner la peine de venir chez " moi demain matin, vous pourrez aussi me " baiser le derrière dont l'antiquité remonte " encore à quarante ans plus haut."

Il est temps de dire un mot de la mère féconde qui avoit fait éclore cette couvée de rois.   Napoléon lui avoit donné un train de maison digne de la mère de tant de têtes couronnées, et pour lui procurer une sorte de consistence politique, il l'avoit nommée pro-tectrice de toutes les maisons de charité.   On auroit pu prendre cette nomination pour une satire sanglante, car rien n'étoit moins chari-table que Mme. Létitia Bonaparte, qu'on se permettoit de nommer à Paris " la mère la

" joie," à cause de son bisarre prénom. On rapporte d'elle des traits d'avarice qui sont presque incroyables : nous en citerons quelques-uns.

Pendant le séjour que la fille aînée de Lucien fit à Paris, elle demeuroit chez " Ma-" dame Mère." C'étoit le titre que portoit la mère de Napoléon. Cette jeune personne élevée dans des principes de piété, demanda un confesseur aux approches d'une grande fête. Mme. Mère qui ne remplissoit pas si exactement ses devoirs de chrétienne, n'avoit ni chapelle, ni confessional dans son palais. On l'engagea à faire l'acquisition de ce dernier meuble, mais jamais il ne fut possible de l'y determiner. Il fallut en emprunter un au curé de sa paroisse. Plutôt que de faire une pareille dépense, elle auroit fait servir à cet usage la guérite du factionnaire qui étoit à sa porte.

Une de ses dames du palais jouissoit d'une fortune très-médiocre, et le modique traitement qu'elle recevoit de Mme. Mère n'y faisoit pas une addition considérable. Elle avoit le bon esprit de régler sa dépense sur ses moyens ; sa mise, toujours décente, n'annonçoit jamais le luxe ; enfin elle n'avoit pas de cachemire, ce qui étoit d'autant plus remarquable qu'ils étoient alors en grande faveur, et qu'il n'existoit pas une femme à la cour qui n'en eût plusieurs. Mme. Mère lui demanda un jour pourquoi elle n'en avoit pas un. Celle-ci lui en expliqua la raison sans embarras et sans mauvaise honte, et lui dit que sa fortune ne lui permettoit pas de faire une dépense de douze à quinze cent francs au moins. Quelques jours après, comme cette dame entroit chez Mme. Mère, cette dernière lui montra un schale de ce tissu précieux. " Comment le trouvez-vous ?" lui demanda-t-elle. " Très-beau, Madame, et d'une cou-" leur charmante."--" Je suis charmé qu'il soit " à votre goût, car il vous appartient." La dame crut que c'étoit un présent que lui faisoit la générosité de Mme. Mère. Mais l'illusion ne fut pas longue. Le lendemain on lui apporta le mémoire du marchand chez qui le schalé avoit été acheté pour elle. Elle renvoya le cachemire, et lorsque Mme. Mère en fut instruite, elle en témoigna tout haut sa surprise, disant qu'elle avoit trouvé ce schale d'occasion, qu'il ne coûtoit que neuf cent francs, et que c'étoit la meilleure affaire qu'elle eût faite de sa vie.

Voici un autre trait encore plus remarquable. Une femme de chambre au service de Mme. Mère mourut après une assez longue maladie. Tous les secours nécessaires lui avoient été prodigués, et on lui fit même des obsèques plus brillantes que son état ne l'exigeoit. Le lendemain de l'enterrement, le mari reçut le mémoire des frais de maladie et d'inhumation arrêté par Mme. Mère elle-même, et il fallut qu'il le payât.

Après nous être occupés assez longuement des rois éphémères de la dynastie Napoléonienne, ce seroit manquer aux égards dûs au beau sexe que de ne pas dire un mot de la branche féminine de la même famille.

Il y avoit parmi les sœurs de Bonaparte plusieurs traits généraux de ressemblance, une ambition effrénée, et un penchant irrésistible à la galanterie. Toutes avoient des attraits en partage, mais Pauline étoit sans contredit la plus jolie. Elle ne l'ignoroit pas. Aussi fit-elle faire sa statue en pied par Canova, sans aucune draperie, et elle daigna se montrer à lui pour lui servir de modèle, comme Vénus parut naissant du sein des eaux.

Elle avoit épousé en premières nôces le général le Clerc, fils d'un meunier de Pontoise. Il fut chargé par Bonaparte, alors premier consul, du commandement de l'expédition destinée contre St. Domingue qui partit de France en Décembre 1801. Chacun sait quel en fut le résultat. Près de 40,000 François périrent par les armes des négres, ou par suite de la contagion qui faisoit des ravages dans leur armée. Le général en chef en fut lui-même victime, et Mme. le Clerc qui avoit suivi son mari, revint en France, en nouvelle Artémise, traînant après elle le cer-cueil du général qu'elle ne pouvoit se résoudre à perdre de vue un seul instant, mais ce cer-cueil renfermoit l'âme plutôt que le corps de son mari, car il ne contenoit que l'or et les bijoux qu'il avoit pillés à St. Domingue,

Elle épousa ensuite le prince Borghèse. Ce fut pendant son second mariage qu'elle se permit un acte qu'on pourroit qualifier d'es-piéglerie plaisante, s'il n'eut été un abus de pouvoir toujours condamnable.

L'hôtel qu'elle habitoit à Paris, quoique vaste et commode, ne lui paroissoit pas assez étendu. Elle apprit que les appartemens de l'une des deux maisons voisines de la sienne étoient exactement de niveau avec les siens, et de même hauteur ; aussitôt elle dépêcha un émissaire au propriétaire pour le prier de la lui vendre, et elle lui en fit même offrir un prix qui étoit au delà de sa valeur. C'étoit un homme à son aise, aimant une demeure qu'il occupoit depuis long-temps, et il rejeta ob-stinément cette proposition. La princesse se réduisit alors à lui demander de lui louer la

partie du premier étage qui lui sembloit nécessaire pour augmenter son appartement. La
négociation entamée à ce sujet n'eut pas plus
de succès, et l'affaire parut oubliée de part
et d'autre. Elle ne l'étoit pourtant pas des
deux côtés.

Le propriétaire voisin faisoit souvent des
voyages à la campagne pendant la belle
saison. Dès que la princesse Borghèse fut
assurée de son départ, elle fait venir des
ouvriers de toute espèce ; on perce le mur qui
séparoit son appartement de celui dont elle
convoitoit la jouissance, on démeuble complètement ce dernier, on entasse sur l'escalier
tous les objets qui le garnissoient, on jette sur
un fauteuil l'adresse du notaire de la princesse,
on mure intérieurement toutes les portes de
communication avec le reste de la maison, et
la voilà en possession de sa nouvelle demeure
qu'elle fait meubler et décorer dans le dernier
goût.

Tout cela n'avoit pu s'exécuter sans que le
portier de la maison en fut instruit. Il se

hâta d'écrire à son maître, et l'on juge bien
que celui ci ne tarda pas à arriver. Furieux
de se trouver ainsi dépossédé de vive force, il
courut chez des avocats, chez des juges, pour
demander des avis, pour obtenir justice : partout on lui conseilla de prendre son mal en
patience, et d'aller voir le notaire dont il avoit
trouvé l'adresse.   Il s'y rendit, et celui-ci lui
dit qu'il avoit ordre de lui payer la somme qui
lui avoit été offerte soit pour la vente de sa
maison, soit pour la location de l'appartement
du premier étage.   Il réfléchit qu'un procès
avec la sœur de l'empereur pourroit l'exposer
à des persécutions ; qu'au lieu de toucher la
somme véritablement raisonnable qu'on lui
offroit, il courroit le risque de compromettre
sa fortune et peut-être sa sûreté individuelle,
et il signa le contrat de vente.

Cette princesse s'amusoit aussi quelquefois
à se dépouiller d'une grandeur, importune en
certaines occasions, et elle alloit chercher des
plaisirs cachés qui n'en étoient que plus piquans.   Un jour de fête nationale, il lui prit

fantaisie d'aller seule, et dans le plus strict incognito, voir tirer un feu d'artifice qu'on avoit préparé dans le jardin du Luxembourg. Vêtue avec goût, mais très-simplement, ayant le visage couvert par un chapeau fort avancé et par un voile dont les plis multipliés ne laissoient que soupçonner sa jolie figure, elle se met en route dans un cabriolet que conduisoit un jockey dont elle se servoit toujours en pareilles circonstances, et se fait descendre à la grille de la rue d'Enfer.

Confondue dans la foule rassemblée pour voir tirer le feu d'artifice, elle n'étoit qu'à quelques pas d'un jeune homme qui avoit remarqué sa tournure élégante, et le peu d'attraits qu'elle laissoit deviner. Une manœuvre adroite le plaça bientôt à côté d'elle. Un enfant marcha en ce moment sur le pied de la princesse qui poussa un cri. Aussitôt l'inconnu repousse le jeune étourdi, le force à s'éloigner, et demande à sa belle voisine, du ton du plus touchant intérêt, si elle est blessée. La princesse toise son défenseur, il étoit jeune, bien fait, son ton et sa mise annonçoient un homme au-dessus de la classe du peuple ; bref l'examen lui fut favorable. La conversation s'engagea, et elle ne fut pas moins satisfaite de l'esprit qu'il montra. Le feu d'artifice tiré, il proposa des glaces qu'on accepta, il demanda la permission de la reconduire chez elle, mais elle lui fut refusée de manière à ne pas lui permettre d'insister. Pour adoucir ce refus, la princesse lui promit de le revoir et lui demanda son nom et son adresse.

Le surlendemain il reçut par la petite poste une lettre toute parfumée dans laquelle on lui mandoit que s'il vouloit se trouver le jour suivant à sept heures du soir dans le jardin du Luxembourg, près de la fontaine des Nymphes, il y trouveroit une dame qui ne l'avoit pas oublié. On juge bien qu'il devança l'heure du rendez-vous, et son exactitude fut récompensée, car sept heures sonnoient à peine, qu'il vit arriver une dame qu'il reconnut pour sa charmante inconnue. Elle prend son bras, on se promène long-temps, on voit récipro-

quement qu'on se convient, et l'on sent le
désir de se revoir encore. Mais les entrevues en plein air sont sujettes à mille incon-
véniens, il peut pleuvoir, on peut rencontrer
des importuns ; la dame ne pouvoit le recevoir chez elle, et elle ne veut pas consentir à
se rendre chez lui. Enfin elle le quitte en lui
promettant de lui donner incessamment de
ses nouvelles.

Deux jours après, une nouvelle lettre engage le jeune homme à se rendre chez Mme.
D.... lingère rue ... et à lui demander la clef
de l'appartement qu'on a loué pour lui. On
lui recommande de s'y trouver à midi. Il y
court à l'heure indiquée, et trouve un logement petit, mais meublé avec tout le goût et
toute la recherche qu'on peut désirer. La
dame ne se fit pas attendre, et commença par
lui faire promettre qu'il ne cherchera jamais à
la connoître et surtout qu'il s'interdira de la
suivre. Il promit tout ce qu'elle exigeoit,
mais il fit plus encore, il tint fidèlement sa
promesse.

Cette intrigue dura deux mois; lors de chaque rendez-vous, on convenoit du suivant, et jamais aucun des deux amans n'y avoit manqué. Mais rien n'est stable dans la vie, et au bout de ce temps un jour arriva où le jeune homme attendit inutilement toute la matinée sa charmante Amélie, c'étoit le nom que la princesse avoit emprunté. Il espéra quelques jours en recevoir une lettre, vaine espérance qui ne se réalisa point. Il courut chez la lingère pour tâcher d'en obtenir quelques renseignemens, elle avoit déménagé, et personne ne put lui dire ce qu'elle étoit devenue. Enfin il ne lui resta de sa bonne fortune que le souvenir, et l'élégant mobilier qui garnissoit l'appartement.

Quelques mois après, ayant eu un billet pour assister au spectacle de la cour, quelle fut sa surprise de retrouver son inconnue dans une femme couverte de diamans qui se trouvoit dans la loge de l'empereur! Il demanda son nom à l'un de ses voisins, et apprit que c'étoit la princesse Pauline. Il eut les yeux attachés

sur elle pendant tout le reste du spectacle.
La princesse l'aperçut aussi, laissa échapper
un mouvement de surprise, détourna la vue
aussitôt, et ne la reporta plus de son côté. Il
retourna chez lui mortifié d'un accueil si différent de celui auquel elle l'avoit précédemment accoutumé, et ne s'occupa pendant
quelques jours qu'à rêver aux moyens de re-
nouveller son ancienne liaison. Il n'en avoit
encore trouvé aucun, quand il reçut l'ordre de
se rendre sur le champ chez le ministre de l'intérieur, où il apprit que l'empereur venoit de
lui accorder une place dans un des départemens du midi de la France, et qu'il falloit qu'il
partît le lendemain matin pour en aller prendre possession. Il comprit aisément ce que
signifioit cette faveur inattendue, mais comme la place lui convenoit, il se consola facile-
ment de l'exil auquel elle le condamnoit.

Murat, né dans la lie du peuple, comme
Masaniello, étoit destiné, comme lui, à jouir
de l'autorité suprême à Naples, et à y finir ses
jours misérablement. Il étoit connu à l'armée

par une bravoure à toute épreuve, mais on ne
lui accordoit aucune des qualités qui consti-
tuent le grand général.   Son mariage avec
Caroline Bonaparte fut la seule cause de son
élévation.   Le premier consul ne pouvoit
souffrir que son beau frère restât confondu dans
la foule des généraux ; il le plaçoit presque
toujours à la tête de son avant-garde, et la
valeur impétueuse de Murat obtenoit des succès qu'il ne dut jamais à ses connoissances militaires.   Il étoit pillard, comme tant d'autres
généraux, il aimoit le faste et la dépense, et
justifioit l'adage *malè parta malè dilabuntur*.
Il y avoit à peine six mois que l'empereur lui
avoit donné le grand-duché de Berg, lorsqu'il apprit que son beau frère, dont il avoit
plus d'une fois payé les dettes, venoit d'en
contracter de nouvelles pour plus de deux cent
mille francs.   Il le fit venir, le réprimanda
sur ses dépenses excessives, et lui dit qu'il ne
concevoit pas que les revenus du grand-duché
ne pussent lui suffire.   " Eh ! qu'est-ce que
" c'est que votre grand-duché de Berg ?" re-

prit Murat avec son accent gascon, " en vérité,
" j'y mange du mien."

On prétend que dans les commencemens de
son mariage, il battoit sa femme assez souvent,
et qu'il avoit coutume de dire à ce sujet que
les femmes étoient comme les côtelettes, et
que plus on les battoit, plus elles étoient tendres.   On ne pouvoit disputer les connoissances qu'avoit nécessairement acquises à cet
égard un ancien garçon d'auberge.

Quoiqu'il en soit la princesse Caroline avoit
sur ses sœurs autant de supériorité que Napoléon en avoit sur ses frères.   Comme lui, elle
étoit dévorée d'une ambition insatiable, vouloit dominer partout, et ne croyoit avoir rien
obtenu tant qu'il lui restoit quelque chose à
désirer.   On pouvoit dire qu'elle portoit sur
elle les dépouilles des provinces conquises, car
aucune princesse de la cour de Napoléon n'a-
voit ni de si beaux diamans, ni en si grande
quantité.   Lorsque Joseph fut placé sur le
trône de Naples, elle évitoit autant qu'il lui
étoit possible la présence de sa femme, et elle

frémissoit de rage et d'envie chaque fois qu'elle se trouvoit obligée de lui donner le titre de " votre majesté." N'étant encore que grande duchesse de Berg, elle osa un jour se plaindre vivement à l'empereur, de ce qu'il n'avoit pas encore songé à lui donner une couronne. " Vos plaintes m'étonnent, " madame," lui répondit Napoléon avec sang-froid : " on diroit, à vous entendre, " que je vous ai privée de la succession du " feu roi notre père !"

Elisa, l'aînée des sœurs de l'empereur, en étoit la moins jolie, mais elle n'en étoit ni la moins galante, ni la moins ambitieuse. Son frère n'étoit encore que général, lorsqu'elle épousa le signor Bacciochi, petit fils d'un danseur de corde, et elle crut faire un excellent mariage, parcequ'il avoit quelque fortune. Du reste c'étoit un homme nul, sans courage, sans esprit, et n'ayant aucune espèce de mérite. Madame Bacciochi auroit bien voulu porter une couronne comme ses sœurs, mais elle ne put y parvenir, et il fallut qu'elle se contentât des principautés de Lucques et de Piombino. Sa petite cour fut un théâtre de dissolution. Elle s'entoura des femmes les plus corrompues, et corrompit elle-même celles qui ne l'étoient pas encore. Mais par une bisarrerie presque sans exemple, cette femme entourée d'amans favorisés, exigeoit de son mari une fidélité qu'elle lui gardoit si mal, et elle le faisoit surveiller par une foule d'espions qu'on auroit pu nommer les eunuques de sa chambre. Regardant ses états comme une mine à exploiter, tous les moyens d'attirer dans ses coffres l'argent du pays lui sembloient bons, et elle faisoit continuellement passer des sommes considérables en Corse et en France. La veille du jour où elle s'enfuit de Florence, elle déclama à son lever contre les fonctionnaires publics qui osoient concevoir des craintes, et jura que jamais elle n'aban-donneroit la Toscane. Déjà pourtant tous ses meubles, jusqu'à sa batterie de cuisine, étoient emballés et descendoient l'Arno, pour être embarqués sur les navires qui alloient les transporter en France.

Cette auguste princesse avoit eu pour un comédien ambulant nommé C......, une fantaisie qui avoit duré assez long-tems. Lorsque l'amour fit place à la satiété, elle obtint pour lui de Napoléon la préfecture du Léman et le titre de baron. Le directeur d'une troupe de comédiens dont C...... avoit fait partie assez long-tems, vint à passer par Genève, chef lieu de ce département. Voulant y donner quelques représentations, il avoit besoin de l'autorisation du préfet, mais tous ses efforts pour parvenir jusqu'à lui avoient été inutiles pendant deux jours. Résolu de faire une dernière tentative le troisième, il se rend de bonne heure à la préfecture, monte rapidement les escaliers et se trouve nez à nez avec le baron C...... qui étoit accompagné du secrétaire général, et d'un chef de bureau. Il le reconnoit aussitôt, lui saute au cou, et s'écrie : " Est-ce bien toi, mon " cher C..... ! je suis ravi de te rencontrer ; " tu as donc décidément quitté le théâtre ? " as-tu un emploi ici ? peux-tu me faire par-

" ler au préfêt ?" Pendant qu'il l'accable ainsi de questions, le baron étoit sur les épines, et ne sachant comment imposer silence à l'indiscret babillard, il l'entraîna dans son cabinet, où se trouvant tête à tête, il lui prodigua les plus vifs témoignages d'attachement, et lui promit tout ce qu'il pouvoit désirer. Le directeur se retira transporté de joie, et courut faire part à ses camarades de cette heureuse rencontre. L'enthousiasme ne fut pas de longue durée. Il reçut, une heure après, l'ordre de quitter la ville, avec sa troupe, dans la journée.

Après nous être occupés des maîtres, il est juste de ne pas oublier les valets. C'est ainsi que je nomme tous les courtisans qui entouroient le trône de Napoléon, et comme on pourroit trouver cette expression trop dure, je suis bien aise de la motiver sur une autorité respectable, et que ces messieurs ne pourront contester.

Avant qu'on donnât au Théâtre François la tragédie de le Mercier intitulée *Agamemnon*,

seul ouvrage à peu près passable qui soit jamais sorti de la plume de ce fécond écrivain,
l'empereur en avoit fait donner une représentation sur le théâtre de la cour. Après le
spectacle, il fit appeler l'auteur et lui dit :
" Votre pièce ne vaut rien. De quel droit
" ce Strophus ose-t-il faire des remontrances
" à Clytemnestre ? ce n'est qu'un valet."—
" Strophus n'est pas un valet, sire," répondit
le Mercier : " c'est un roi détrôné, un ami
" d'Agamemnon." — " Vous ne connoissez
" guères la cour," répliqua l'empereur. " Ap-
" prenez qu'en ce lieu le monarque seul est
" quelque chose, tous les autres ne sont que
" des valets."
Mais même parmi les valets, il est des rangs
à observer, le valet de chambre jette un regard de mépris sur le laquais qui monte derrière le carrosse de son maître, et le cuisinier
repousse avec colère le marmiton qui l'offus-
que dans son chemin. Nous espérons que
nous n'offenserons personne en accordant la
première place parmi eux à S. A. S. Mgr. le

duc de Parme, l'archichancelier de l'empire, le fameux Cambacérès.

Ce personnage qui jouissoit de quelque réputation comme avocat ne s'éleva pas plutôt hors de la sphère dans laquelle il étoit né, qu'il tomba dans une nullité absolue. Lorsqu'il fut nommé consul de la république Françoise avec Le Brun en même tems que Bonaparte, il parut une caricature très-jolie qui fut aussitôt supprimée par la police. Bonaparte y étoit représenté debout entre ses deux collègues à genoux, et tenant dans chaque main un immense éteignoir qu'il leur plaçoit sur la tête.

De la nullité au ridicule il n'y a qu'un pas en France, et plus le personnage nul cherche à se donner d'importance, plus ce pas est promptement franchi. Or jamais parvenu ne fut si follement enflé de sa nouvelle grandeur que Cambacérès. " Que vous m'appeliez " altesse sérénissime en public, devant le " monde," disoit-il à un homme qu'il honoroit de ses bonnes grâces particulières, quel-

ques jours après avoir été nommé duc de Parme, " cela est très-bien, cela doit être :
" mais en particulier, entre nous, ce céré-
" monial est inutile ; appelez-moi tout sim-
" plement monseigneur."

Il n'étoit point permis aux dames de paroître à son assemblée en robe courte. Ce costume lui paroissoit peu respecteux, aussi toutes les femmes arrivoient chez lui avec des queues longues d'une aune. Un soir pourtant, Mme. de la Rochefoucault, dame d'honneur de l'impératrice Joséphine, arriva chez lui en robe ronde. Cambacérès piqué de cet oubli, se lève du fauteuil qu'il quittoit rarement, s'approche d'elle, et lui fait avec douceur un reproche amical sur sa négligence. La dame s'incline, et lui répond assez haut pour être entendue. " Je prie votre altesse de m'ex-
" cuser, je sors à l'instant du cercle de sa
" majesté l'impératrice, et je n'ai pas eu le
" tems de changer de toilette." L'altesse se retira en faisant la grimace, et les valets en sous ordre qui l'entouroient, eurent peine

à retenir le sourire qui étoit près de leur échapper.

Presque tous les soirs Cambacérès alloit faire une promenade au Palais Royal. Bien des gens s'y rendoient pour l'y voir, parceque rien n'étoit comique et ridicule comme son cortège. Il marchoit en tête, seul, le nez au vent, un petit chapeau à cornes sous le bras, et les mains derrière le dos. Immédiatement après lui, marchoient sur la même ligne le gros d'Aigrefeuille et le sec et vieux marquis de Villevieille. Quelques espions de police étoient répandus dans le jardin pour maintenir l'ordre parmi les filles et les polissons de toutes classes qui y fourmillent et qui, escortant monseigneur dans sa promenade, formoient le dernier trait du tableau.

Il fréquentoit souvent l'Opéra et les Variétés, mais on le voyoit très rarement aux autres spectacles. Il ne manquoit jamais de s'endormir à l'Opéra; mais aux Variétés, Mlle. Cuisot, jeune et jolie actrice de ce théâtre, venoit le trouver dans sa loge et se chargeoit de le tenir éveillé. Il l'avoit prise pour maîtresse par décence, pour faire taire les mauvaisbruits qui couroient sur lui, et dont nous nous abstiendrons de parler, aussi par décence. Elle accoucha peu de mois après que le public fut informé qu'elle étoit entretenue par Cambacérès. On lui attribua cet enfant, mais il s'en défendit toujours, et en rejeta l'honneur sur M. de B...... qui avoit été amanten pied de Mlle. Cuisot avant son altesse. " Je ne l'ai connue que postérieure-" ment," disoit-il avec un sang froid comique.

Peut-être au surplus ne cherchoit-il à se dérober aux honneurs de la paternité, que pour ne pas avoir à sa charge l'enfant dont le père étoit incertain, car le duc de Parme n'étoit rien moins que généreux. Voici à ce sujet un trait assez plaisant et qui n'est pas très-connu.

Un marchand de meubles avoit un jour apporté chez l'archichancelier, une table pour soixante couverts qui lui avoit été commandée par le prince. Son altesse ordonna qu'elle fût dressée à l'instant dans sa salle à manger, afin qu'on pût voir si elle étoit de la grandeur convenable. Lorsque le marchand eût ajusté toutes les allonges, Cambacérès qui cherchoit sans doute quelque prétexte pour faire une diminution sur le prix convenu, prétendit qu'elle étoit trop petite pour que soixante personnes pussent y prendre place sans être gênés. Le marchand soutint le contraire. Après une assez longue discussion, Cambacérès résolut d'en venir à la preuve. Il envoye un de ses valets vers des maçons qui étoient alors occupés à des démolitions sur la Place du Carousel, et leur fait ordonner de se rendre à l'instant chez lui au nombre de soixante. Les ouvriers sont d'abord surpris de cette subite invitation, et pensent qu'il s'agit de quelque ouvrage très-pressé à faire chez son altesse. Ils se lavent les mains et le visage, reprennent leurs habits, et se rendent chez le prince. On les introduit dans la salle à manger. Cambacérès avoit fait placer soixante assiettes sur la table et autant de chaises tout autour. Il leur ordonne de s'asseoir. Leur étonnement redouble ; n'importe, ils obéissent. La plupart s'imaginent que monseigneur a reçu de bonnes nouvelles de l'armée, et que par un beau mouvement d'enthousiasme, il veut les faire boire à la santé de l'empereur. Ils étoient donc en assez bonnes dispositions, quand l'archichancelier, au lieu de les faire servir, leur commande les manœuvres suivantes : " Faites semblant de boire. Ayez l'air de dé- " couper quelque chose sur votre assiette, &c." Les pauvres diables exécutèrent toutes ces évolutions avec assez de précision, et son altesse bien assurée que la table pouvoit contenir soixante convives, les renvoya à jeun, comme ils étoient venus, sans leur accorder la moindre gratification pour les récompenser de la peine qu'ils avoient prise.

Il ne donnoit à d'Aigrefeuille que quatre mille francs par an, pour être tous les jours son ombre assidue depuis trois heures après midi, jusqu'à l'instant où il se couchoit. Mais d'Aigrefeuille aimoit une bonne table : celle de monseigneur étoit la meilleure de Paris, sans en excepter celle de l'empereur, et c'étoit pour lui un dédommagement suffisant de la servitude à laquelle il se condamnoit. Lorsque Grimod de la Reynière eut fait son *almanach des gourmands* il avoit le projet de le dédier à Cambacérès, comme au plus digne favori de Comus. Mais des amis lui firent observer que son altesse n'entendoit pas la plaisanterie, et que cet hommage rendu publiquement à sa cuisine, pourroit lui attirer quelque fâcheuse affaire. Il se rabattit donc sur le majordôme de monseigneur, et l'almanach fut dédié à d'Aigrefeuille. Celui-ci ne trouva pas le mot pour rire dans cette dédicace, et il étoit incertain s'il s'adresseroit à son épée ou à la justice pour en obtenir réparation, quand il vit arriver chez lui des députés de Grimod de la Reynière qui lui inspirèrent des sentimens plus pacifiques. C'étoient une superbe dinde aux truffes et un panier d'excellent vin de clos vougeot. Dès ce moment il pardonna généreusement, et au lieu de courir le risque de se

faire couper la gorge, il s'amusa à se donne
une indigestion.

Lorsque Cambacérès eut quitté Paris, après
le retour des Bourbons, on fit sur d'Aigrefeuille l'épigramme suivante.

D'Aigrefeuille de Monseigneur
Ne pouvant plus piquer l'assiette,
Pour en témoigner sa douleur,
A mis un crèpe à sa fourchette.

Il avoit en quelque sorte prévu et prédit
ce triste événement, car lorsqu'après la fatale
campagne en Russie, il vit Napoléon, le prin-
tems suivant, partir pour l'Allemagne, au
lieu de se tenir sur la défensive sur les bords
du Rhin, " cet homme là fera tant," dit-il à
un de ses amis, " qu'il finira par compro-
" mettre la tranquillité de monseigneur."

Ces deux illustres gastronomes rappellent
le souvenir d'une anecdote qui mérite de vivre
dans les annales de l'art de la cuisine. L'abbé
de Pradt qui éprouvoit quelquefois des momens de disgrace du maître qu'il a tour à tour
adoré et insulté, se trouvant une année en

retraite dans son diocèse pendant le carême, annonça à son cuisinier qu'il ne devoit servir sur sa table que du maigre jusqu'aux fêtes de Pâques. Celui-ci, homme de génie, et artiste consommé dans son art, jugea bien que monseigneur ne vouloit que sauver les apparences. En conséquence il assaisonna tous ses mets avec les jus et les coulis des meilleures viandes, et trouva même le secret en lui servant des poissons farcis, d'y faire entrer des hachis de volaille et de gibier. Le digne prélat fut si satisfait de ce régime, que lorsque le tems de pénitence fut écoulé, il avertit son cuisinier que, même à Paris, il feroit maigre à l'avenir tous les jours d'abstinence prescrits par l'église.

Mille anecdotes que nous pourrions citer sur un autre prince, fameux dans la diplomatie, et qui doit effectivement avoir un talent peu commun dans cette science difficile, puisqu'il a surnagé à la ruine des différens partis dont il a été l'âme tour à tour, sont trop connues pour que nous les répétions. Mais voici une anecdote dont nous pouvons garantir l'authenticité, et qui n'a jamais été rendue publique.

Lorsque M. de Talleyrand, qui à cette époque n'étoit pas encore prince, résolut d'élever au rang honorable de son épouse une femme aimable et spirituelle qui jusques là n'avoit été que sa maîtresse, il désira que la cérémonie de son mariage se fît avec le moins de publicité possible. Quels étoient ses motifs ? il ne nous les a pas fait connoître, mais on peut présumer qu'il n'avoit pas encore tout à fait oublié qu'il avoit été évêque, et quoiqu'on eût vu plus d'un prélat catholique entretenir publiquement une ou plusieurs concubines, il ne pouvoit en citer aucun qui se fût marié. Les loix exigeoient alors que tous les mariages fussent célébrés *le décadi* (jour de repos substitué au Dimanche) dans le chef-lieu du canton, immédiatement après la publication des actes du gouvernement, ce qui attiroit toujours quelques spectateurs, et ce qui contrarioit les vues d'incognito du futur époux.   Il avoit une maison de campagne à Epinay sur Seine, à trois lieues de Paris, village qui faisoit partie du canton de Pierrefitte. Persuadé qu'un maire de campagne, un paysan, n'oseroit faire d'observations sur une demande qui lui seroit faite par un personnage déjà aussi éminent que l'étoit M. de Talleyrand, il écrivit au maire de Pierrefitte de se rendre tel jour, à telle heure, à Epinay, avec ses registres d'état civil, pour y prononcer son mariage et l'inscrire dans les formes ordinaires.

Malheureusement pour les projets du futur prince, ce maire de village, étoit un propriétaire à son aise, indépendant, instruit, qui avoit même été membre de la première administration du département de Paris avec MM. de la Rochefoucault, Pastoret, de Lacépède, &c.   Il connoissoit les devoirs de sa place, et il n'étoit nullement disposé à s'en écarter.   Il écrivit donc à M. de Talleyrand que sa demande étant contraire à ce que la loi prescrivoit, il ne pouvoit prendre sur lui d'y obtempérer.

Il faut dire à la louange de M. de Talleyrand qu'il ne montra jamais aucun ressentiment de la conduite de ce maire, mais on
assure qu'il en trouva dans la capitale un plus
complaisant et moins scrupuleux.

Parmi le grand nombre de reparties fines et
ingénieuses qu'on cite de M. de Talleyrand,
en voici deux que je crois moins connues que
les autres.

Un général invité un jour à dîner chez lui,
s'étant fait attendre trop long-tems, on se
mit à table. Il arriva au milieu du premier
service, et s'excusa de n'être pas venu plus
tôt en alléguant qu'il avoit été retenu près
d'une heure par un *Pékin*. " Qu'est-ce
" qu'un Pékin ?" lui demanda M. de Talleyrand. " Quoi, Monseigneur," reprit le général, " ne savez-vous pas que, nous autres
" militaires, nous avons coutume d'appeler
" Pékin tout ce qui n'est pas militaire ?"—
" Ah, ah !" s'écria Talleyrand : " c'est donc
" comme nous, qui avons coutume d'appeler
" militaire tout ce qui n'est pas civil."

"" On fait force épigrammes contre le
" comte Siéyes," lui disoit un jour Cambacérès, " on a vraiment tort. Je vous assure
" que dans les différens discours que je l'ai
" entendu prononcer à la tribune de nos
" assemblées, je lui ai toujours reconnu un
" esprit très-profond."—" Profond n'est pas
" le mot," répondit Talleyrand, " c'est
" creux, très-creux que votre altesse devoit
" dire."

Nous ne pouvons quitter le chapitre des
princes sans dire un mot d'un prince de
l'église, du célébre cardinal Maury. On feroit un bien gros volume si l'on vouloit recueillir tout ce qui a déjà été publié sur sa vie
publique et privée, mais suivant notre méthode
nous ne citerons que quelques anecdotes peu
connues.

Il n'existe personne qui n'aît entendu parler de la fameuse lettre qu'il adressa à l'empereur, et qui lui valut son rappel en France,
la pension de cardinal Français, qui étoit de
36,000 francs, et les regards favorables du

maître. Peu de tems après son retour à Paris, se trouvant chez une dame de beaucoup d'es-prit, il y vit son portrait supérieurement gravé. " Rien ne pouvoit être plus flatteur pour moi, " madame," lui dit-il, " que de voir mon por-" trait chez vous."—" Vous le voyez, Mon-" seigneur," lui répondit-elle, " je l'ai eu " *avant la lettre.**"

Quelque tems après, quelqu'un annonça à la même dame que le cardinal qui s'étoit d'abord logé en hôtel garni, venoit de prendre une maison rue *d'enfer.* " Quoi! déjà?" s'écria-t-elle.

Lorsqu'il fut question de sa réception à l'institut, il demanda que le président de ce corps dans la réponse qu'il feroit à son dis-cours, le traitât de monseigneur. Tout l'in-stitut fut révolté de cette prétention. On y résista long-tems : le cardinal n'en voulut rien

---

* On appelle *avant la lettre* les premières épreuves tirées d'une gravure, et qui se vendent toujours le double des autres.

rabattre : enfin on fouilla dans les archives de l'académie Françoise, et l'on trouva que le cardinal Dubois, de vertueuse mémoire, avoit reçu ce titre lors de sa réception. Toute difficulté sembloit applanie, mais il s'en éleva une nouvelle : aucun des membres de l'institut ne vouloit présider la séance. L'abbé Sicard finit par s'immoler avec une humilité vraiment Chrétienne, et il monseigneurisa le cardinal Maury en dépit de toute opposition.

Il avoit annoncé qu'il prêcheroit à Notre Dame le Vendredi Saint, et un auditoire très-no mbreuxs'étoit réuni pour l'entendre. Mais le scandale devint aussi général que l'étonnement, quand on vit une dame très-parée le suivre dans la chaire et s'y asseoir derrière lui ; chose qui jamais ne s'étoit vue dans une église Catholique. Quelques plaisans se demandoient tout bas si c'étoit Mme. la Cardinale. La vérité est que c'étoit une Italienne d'un rang distingué qui n'avoit pu trouver une place commode pour entendre le célèbre prédicateur, et comme il la connois-

soit beaucoup, il lui avoit offert celle qu'il regardoit comme la meilleure. Mais un autre
accident étoit réservé au célébre prédicateur.
Il resta court au milieu de son sermon, n'en
put débiter que la moitié, et fut obligé de lire
le surplus sur son manuscrit qu'il avoit heureusement apporté.

Il étoit d'une avarice sordide. Jamais il ne
refusa un dîner, et jamais il n'en rendit un
seul. L'auteur de cette notice l'a entendu
dicter une lettre de trois pages à un secrétaire
pour charger un de ses correspondans en
Italie de lui envoyer une espèce d'almanach
ecclésiastique, communément nommé *guide-
ane*, qui ne contient guères qu'une demi-
feuille d'impression, et où il entroit dans les
détails les plus minutieux sur la manière de
le lui faire parvenir en France aux moindres
frais possibles.

Ayant conçu pendant quelque tems l'espérance d'être nommé grand maître de l'université de Paris, il crut devoir se mettre
d'avance au courant des affaires de ce corps

antique et respectable. Mais ne voulant pas faire la dépense d'acheter l'histoire de cette université qui n'a pourtant que trois volumes, il l'emprunta à un de ses amis, et celui-ci, après lui avoir inutilement redemandé plusieurs fois cet ouvrage pendant le cours d'une année, fut enfin obligé de renoncer à le revoir.

Passons maintenant aux ministres de Napoléon. Celui dont on a le moins parlé est Gaudin, depuis duc de Gaëte, ministre des finances. Il administra les finances de la France depuis l'instant où Bonaparte fut nommé consul, jusqu'à sa chute définitive. C'est le seul ministre que l'empereur ne changea jamais. Il étoit né à St. Denis dans la classe du peuple, n'ayant aucune fortune, et quand il eut obtenu une place de douze cents francs au ministère du contrôle général avant la révolution, il en employa une partie à soulager son ayeule qui se trouvoit dans l'indigence. Son mérite l'éleva de grade en grade jusqu'à celui de ministre, et une circonstance qui fait son éloge plus que tout ce que nous pourrions dire, c'est qu'après avoir administré si long-tems les finances d'un vaste empire, il ne jouit que d'une fortune médiocre. Etranger à toutes les intrigues de la cour, il ne se mêloit absolument que des affaires de son ministère. On lui reprochoit d'être peu serviable, reproche que son caractère froid et phlegmatique lui attiroit en partie. Cependant il servoit avec chaleur ceux à qui il accordoit sa protection, et en voici un exemple remarquable.

Le ministre des finances nommoit aux places d'inspecteur de l'enregistrement, en choisissant parmi trois sujets qui lui étoient présentés par les administrateurs. Une de ces places devint vacante à Paris. Un vérificateur de cette administration y avoit des droits incontestables, et par l'ancienneté de ses services, et par la manière dont il avoit toujours rempli ses fonctions ; mais il n'étoit ni courtisan, ni flatteur ; tranchons même le mot il étoit d'un caractère dur et peu sociable, et les

administrateurs avoient résolu de ne jamais lui
accorder d'avancement. Ils se gardèrent donc
bien de le comprendre dans la liste de présen-
tation.   Le duc de Gaëte leur fit des remontrances à ce sujet, et leur demanda s'ils avoient
des reproches à faire à cet ancien employé.
Ils ne purent en articuler aucun.   Le ministre leur déclara qu'il ne nommeroit à la place
que lorsque son nom se trouveroit sur la liste,
et comme le bien du service exigeoit qu'elle
fût remplie, il fallut que les administrateurs
cédassent.

Il n'en étoit pas de même dans toutes les
administrations, surtout dans celle des droits
réunis, dirigée par François de Nantes.
Long-tems un de ses employés en chef,
nommé Texier, fit un trafic ouvert de toutes
les places, et toujours l'intrigue et la faveur
présidèrent à leur distribution.   La fille du
docteur Brulé, médecin de François de Nantes,
allant se marier, il la dota d'une des meilleures
places de son administration, et comme elle
n'étoit pas vacante, il déplaça arbitrairement

un père de famille qui la remplissoit depuis plusieurs années d'une manière irréprochable, en le nommant à une autre dont le produit étoit trois fois moindre, et ce ne fut qu'à force de sollicitations du duc de Gaëte et du comte de Lacépéde qu'il voulut bien au bout de plusieurs mois lui en accorder une équivalente à celle qu'il lui avoit retirée.

Un extérieur agréable cachoit l'âme de sang et de boue de Savary, duc de Rovigo. Il n'étoit ni bassesse, ni crime dont il n'eut été capable pour prouver à son maître son dévouement à ses volontés, et il parvint à faire regretter l'administration de Fouché son prédécesseur. Il abusoit sans pudeur de la terreur qu'il inspiroit pour se mêler d'affaires absolument étrangères à son ministère. Une femme à laquelle il s'intéressoit, ayant un procès qu'elle devoit perdre, il fit venir sa partie adverse devant un maître des requêtes qui, comme tant d'autres, cria tour à tour " vive Na- " poléon, vive Louis XVIII," M. Anglès; et celui-ci n'ayant pas réussi à l'intimider, il prit sa place lui-même et intima au malheu-reux plaideur l'ordre d'arranger l'affaire sans recourir aux tribunaux.

Nous citerons quelques traits qui donneront une idée de la manière dont la police se faisoit sous son ministère.

Pendant un repas auquel assistoient un grand nombre de personnes, la conversation étant tombée sur la politique, deux hommes tinrent, à l'envi l'un de l'autre, les propos les plus hardis contre le gouvernement, ne ména-geant pas même la personne sacrée de l'empe-reur. On sort de table, l'un d'eux se retire, et l'autre le suit aussitôt. L'ayant rejoint sur l'escalier, " Monsieur," lui dit-il, " les pro-" pos que vous venez de tenir annoncent un " homme mal intentionné. Vous allez avoir " la bonté de me suivre à la préfecture de " police. Ne faites ni résistance, ni esclan-" dre, j'ai main forte à deux pas."—" Vous " me prévenez, Monsieur," répondit l'autre, " je ne sortois que pour aller au poste voisin " prendre une escouade pour vous arrêter

" vous-même." En même tems il tire de sa poche la médaille dont étoient porteurs tous les respectables suppots de la police. Tout fut alors expliqué, ces deux vertueux agens d'un digne ministre n'avoient parlé chacun de leur côté, comme ils l'avoient fait, que pour engager l'autre à dévoiler ses sentimens, et après avoir beaucoup ri de leur méprise, ils rentrèrent dans le salon pour y continuer leur rôle de surveillans.

Un homme qui n'avoit que deux fils qui tous deux lui avoient été enlevés par la conscription, et qu'il avoit perdus tous deux dans les plaines de la Russie, étoit fortement soupçonné de n'être pas ami du gouvernement. Le fait étoit vrai, mais, en homme prudent, il voyoit peu de monde, n'épanchoit sa bile qu'en présence d'amis bien sûrs, et étoit devant toute autre personne d'une réserve désespérante pour les agens dont la police l'avoit environné. Un jour qu'il étoit assis sur un des bancs du jardin du Luxembourg, avec un ancien ami dont les sentimens étoient conformes aux siens, leur conversation tomba sur la bataille de Leipsick qui avoit eu lieu peu de tems auparavant. Les deux amis, en déplorant les maux de la guerre, ne ménageoient pas l'ambition du Corse qui avoit asservi la France, et se flattoient de l'espoir que cette bataille funeste auroît au moins l'heureux résultat d'accélérer sa perte. Tandis qu'ils causoient, un enfant de cinq à six ans, beau comme l'amour et bien vêtu, vint se réfugier près d'eux en pleurant et leur dit qu'il avoit perdu sa bonne. Ils le firent asseoir, le consolèrent en lui disant que sa bonne le chercheroit sûrement, et qu'elle finiroit par le voir, et continuèrent leur conversation. Au bout d'un quart d'heure, une femme portant dans ses bras un autre enfant, passa près d'eux, l'enfant la reconnut pour sa bonne et alla la rejoindre.

Le lendemain matin ils furent tous deux arrêtés, conduits à la Conciergerie et mis au secret, sans qu'aucun d'eux se doutât que l'autre partageât son infortune. Veyrat, chef des inspecteurs de police, le Marat du despotisme, le plus barbare et le plus actif des suppots de l'administration inquisitoriale, fit d'abord comparoître devant lui le père qui avoit deux enfans à regretter. Quel fut l'étonnement de celui-ci quand il entendit Veyrat lui répéter mot à mot la conversation qu'il avoit tenue avec son ami au Luxembourg. Malgré son trouble, il se renferma dans une dénégation absolue. " Vous niez ?" lui dit le farouche Veyrat, " je vais faire " comparoître un témoin dont la présence " seule suffira pour vous convaincre." Il fait un signe à ses satellites, et l'ami du malheureux père est amené devant lui. " Je " suis trahi !" s'écrie celui-ci, en le voyant paroître, " est-il possible qu'un ancien ami " m'ait si indignement trompé ! "—" Vous " êtes dans l'erreur," reprit froidement l'inspecteur, " Monsieur ne vous a point trahi : " il est accusé et détenu comme vous. Ap- " prenez que rien ne peut être caché à la " police, elle connoit les actions, les discours

" et n'ignore pas même les pensées." Il fit alors reconduire les deux amis à la Concier-gerie d'où ils furent ensuite transférés au château de Ham, où ils furent détenus jusqu'à la chute du gouvernement impérial.

On se doute bien que l'enfant qui s'étoit refugié près d'eux avoit été leur délateur. La police en avoit à son service une douzaine, d'une intelligence précoce, qui s'introduisoient sous différens prétextes au milieu des personnes dont on vouloit connoître l'opinion. Leur jeunesse ne pouvoit inspirer aucun soupçon, on parloit librement devant eux, et leur mémoire trop fidèle et trop bien exercée reportoit à ceux qui les employoient, tout ce qu'ils avoient entendu.

Cette police si fine, si alerte, si soupçon-neuse, se laissa pourtant quelquefois déjouer, et l'on ne peut en citer d'exemple plus frap-pant que celui de Sir Sidney Smith. Ce com-modore Anglois à la prise duquel le gouver-nement François avoit attaché une grande importance, étoit détenu au Temple, et le concierge avoit reçu des ordres particuliers pour le surveiller avec la plus rigide exactitude. C'étoit de tous les prisonniers qui s'y trouvoient, celui qu'il paroissoit le plus difficile de sauver. Le courage et le dévouement d'un ami y réussit pourtant. Un matin de très-bonne heure arrive au Temple un homme revêtu de l'uniforme d'officier général. Il demande à parler au concierge, et lui présente un ordre du gouvernement pour se faire remettre Sir Sidney Smith et le nommé James son valet de chambre, et les transférer dans une autre prison d'état. Le concierge examine l'ordre, le trouve en régle, fait la remise de ses deux prisonniers, a soin de s'en faire donner une décharge, et les voit monter avec le général dans un fiacre qui les attendoit à la porte.

Ce soi-disant général étoit M. de Phelipeaux, émigré rentré qui, au risque des dangers auxquels il s'exposoit, avoit imaginé ce stratagême pour sauver son ami, et le prétendu valet de chambre étoit un émigré

François à qui Sir Sidney avoit donné ce nom pour lui sauver la vie. Un accident imprévu pensa pourtant faire échouer l'entreprise. A peine avoient-ils perdu de vue les murs du Temple que le cocher maladroit accroche une lourde voiture de roulier. La roue du carrosse se brise, la populace s'amasse, et il faut pourtant en sortir. On s'empresse de payer le cocher, on s'échappe aux questions des spectateurs empressés de s'informer si personne n'est blessé, et l'on gagne à pied sans perdre de tems la place de fiacres la plus voisine. Là les trois amis montent dans une autre voiture, se font conduire dans un hôtel garni rue Croix des Petits Champs ,où une chaise de poste les attendoit, et grâce à des passeports aussi adroitement fabriqués que l'ordre qui avoit ouvert les portes du Temple, ils arrivèrent en Angleterre, sans trouver d'obstacle à leur fuite.

Tous les cinq jours on rendoit au ministre de la police un compte de la situation des prisons. On peut juger de sa fureur quand il y lut la translation de Sir Sidney Smith dans une autre prison d'état.   Il expédia des couriers extraordinaires dans tous les ports et sur toutes les frontières, mais il étoit trop tard : il ne put se venger qu'en prononçant la destitution du concierge.   Il ordonna qu'on lui fit tous les soirs un rapport de l'état de chaque prison, et il défendit qu'on délivrât à l'avenir aucun détenu, même avec un ordre signé de lui, sans que cet ordre fût transmis par un de ses agens particuliers qui fut chargé de ce service.

Le grand juge Régnier, duc de Massa Carrara, à qui l'on prétendit que l'empereur avoit donné ce nom à cause de sa corpulence, étoit un homme assez médiocre.   Lors du procès de Moreau, il étoit chargé de faire rapport à Napoléon deux fois par jour de tout ce qui se passoit au tribunal.   Pour en être bien informé, il avoit aposté dans la salle plusieurs agens qui venoient alternativement d'heure en heure lui rendre compte des débats. Ces agens trompèrent le ministre, ou le ministre se trompa lui-même, le jour où Moreau prononça sa défense : Régnier trouva son discours fort mauvais, plus propre à nuire à l'accusé dans l'opinion publique qu'à y produire une impression favorable, il en permit l'impression, et il s'en répandit à l'instant des milliers d'exemplaires dans Paris.

Dans la soirée, tandis que le grand juge étoit avec l'empereur, survint Murat qui apportoit le discours, et qui dit qu'il ne concevoit pas comment le grand juge avoit pu permettre qu'on l'imprimât. Napoléon lui arracha le papier des mains, le parcourut rapidement, devint furieux, et saisissant une régle qui se trouvoit sur son bureau, il en caressa si bien les épaules de son ministre que Murat fut obligé de le soustraire à ses coups en le faisant passer dans une chambre voisine.

Un des chefs du ministère du grand juge étoit M. Bernardi connu par plusieurs ouvrages estimés sur la jurisprudence. Un homme aussi riche qu'ignorant, et qui avoit besoin de sa protection l'avoit un jour invité à dîner.

Il lui fit voir sa bibliothèque composée de livres rares et précieux qu'il n'avoit jamais ouverts. M. Bernardi lui fit compliment sur le gôut qui avoit présidé à cette collection. " Oui," lui répondit-il, " je n'y ai admis que " des livres de choix, et voici vos *opéras,*" ajouta-t-il en lui montrant quelques volumes in-folio magnifiquement reliés. C'étoient les œuvres de St. Bernard, *Divi Bernardi opera,* que le connoisseur avoit pris pour des opéras composés par M. Bernardi.

Le ministre Chaptal fut l'objet d'une mystification très-plaisante, dans laquelle l'empereur joua lui-même le premier rôle. Il entretenoit Mlle. Bourgoin, jolie actrice du Théâtre François, et il avoit la foiblesse d'en être très-jaloux. Napoléon, qui travailloit la nuit comme le jour, envoya un soir à onze heures ordre à Chaptal de se rendre sur le champ aux Tuileries. Le page, porteur de la lettre, apprend en arrivant chez le ministre qu'il n'est pas chez lui, mais qu'on le trouvera certainement chez Mlle. Bourgoin. Il s'y rend aussitôt, lui fait remettre l'ordre de sa majesté, et retourne rendre compte de la manière dont il s'est acquitté de sa mission. Chaptal, déjà couché, se lève promptement, reprend ses habits et ses cordons et se fait conduire au palais des Tuileries.

A peine étoit-il parti qu'on frappe à coups redoublés à la porte de Mlle. Bourgoin. Elle croit que c'est le ministre qui revient, et elle cherche s'il n'a rien oublié, mais on lui présente une lettre apportée par un page de l'empereur. Elle l'ouvre avec une agitation dont elle ne peut se défendre, et lit avec peine ces mots mal écrits par ce qu'ils avoient été tracés par la propre main de sa majesté. " *Vous vous rendrez sur le champ au palais des* " *Tuileries.* NAPOLÉON." Elle s'habille avec autant de soin que le lui permet la nécessité d'obéir promptement à cet ordre ; fait mettre ses chevaux à la voiture et s'empresse de se rendre au palais.

Pendant ce tems Napoléon entretenoit son ministre de divers décrets, lui faisoit prendre

des notes, et lui faisoit rédiger des projets.
Tout à coup un page se présente à la porte
en disant : " Elle est arrivée, sire."—" Faites
" entrer," répondit l'empereur. Chaptal jette
les yeux du côté de la porte pour voir quelle
étoit la visite nocturne que Napoléon alloit
recevoir ; il reconnoit Mlle. Bourgoin. La
plume lui tombe des mains, et il reste la
bouche et les yeux ouverts, comme pétrifié.
Cependant l'actrice s'avance vers l'empereur,
et lui dit avec respect qu'elle se rend aux
ordres de sa majesté. " Passez dans cette
" chambre," dit Napoléon sans daigner la
regarder, en lui montrant une porte qui
n'étoit pas celle par où elle étoit entrée,
" couchez-vous, et attendez-moi." Elle dis-
paroit, et le pauvre Chaptal, couvert d'une
sueur froide, est obligé de reprendre la plume,
et de passer à travailler encore deux heures
qui lui parurent deux siècles. Enfin il est
congédié. Aussitôt l'empereur sonne, un
valet de chambre arrive, " dites à la Bourgoin
" de se retirer," lui dit-il, " son rôle est joué."

Le lendemain il conta lui-même cette aventure, qui fit la conversation de tous les salons jusqu'à ce qu'une autre l'eût fait oublier. Chaptal en trouva le dénouement fort bon, mais l'actrice en fut cruellement mortifiée et prétendit qu'elle avoit reçu un affront sanglant.

Le comte Barbé Marbois, alors premier président de la chambre des comptes et depuis garde des sceaux, éprouva aussi une mystification qui, pour n'avoir été que l'effet du hasard, n'en est cependant pas moins plaisante. L'ambassadeur de Perse se trouvant un jour indisposé, avoit demandé un médecin. On lui avoit indiqué le docteur Bourdois, et il l'attendoit à chaque instant quand on lui annonça Barbé Marbois. L'ambassadeur ne savoit pas un mot de François; il n'avoit pas alors son interprète près de lui, et son oreille n'ayant été frappée que de la dernière syllabe de ce nom, il crut y reconnoître celui du médecin qu'il avoit fait avertir. En conséquence dès que le président est entré, il lui tend le bras pour se faire tater le poulx. Celui-ci croit qu'il lui offre la main, et la presse affectueusement dans la sienne. Le Persan trouve que les médecins François ont une singulière méthode de tater le poulx de leurs malades ; cependant il ouvre la bouche et montre la langue. Barbé Marbois pense que c'est peut-être une civilité Persanne, mais la surprise qu'il ne peut cacher inquiète l'ambassadeur qui l'attribue à quelque fâcheux pronostic que le médecin tire de sa maladie. Il frappe des mains ; deux esclaves se présentent, et viennent mettre sous les yeux de M. le premier président un bassin d'argent. Celui-ci en les voyant entrer, croit que suivant l'usage oriental, on lui apporte une aiguière remplie d'eau de roses de Schiras, mais le parfum qui s'en exhale, le détrompe d'une manière assez désagréable. Il croit que l'ambassadeur veut l'insulter, devient rouge de colère ; heureusement l'interprète arrive et explique la méprise qui a eu lieu.

Maret, duc de Bassano, ministre des affaires étrangères, étoit fils d'un médecin de Dijon.

Ce n'étoit pas un méchant homme, mais il étoit bouffi d'orgueil et de vanité. Personne n'eut été moins propre à remplir la place importante qui lui avoit été confiée, et il se laissa tromper bien souvent par les rapports des agens crédules ou infidèles qu'il entretenoit en pays étranger. Sans être connu en littérature, il voulut être membre de l'institut, et il y fut nommé dès qu'il eut fait connoître ses désirs, mais jamais il ne prononça son discours de réception. On rit beaucoup de cette nomination dans le public, mais ses amis répandirent le bruit qu'il étoit auteur de plusieurs comédies auxquelles sa modestie et le rang qu'il occupoit l'avoient empêché de mettre son nom : ils lui attribuèrent même sans façon *Les Deux Gendres*, pièce de M. Etienne, qui pourtant n'appartenoit véritablement ni à l'un ni à l'autre, puisque le plan, les situations, l'intrigue, et une partie des vers étoient pillés dans une pièce inconnue intitulée *Conaxa* dont l'auteur étoit un jésuite.

Lorsqu'il fut nommé duc, un homme célèbre par ses traits d'esprit, dit assez plaisam-

ment: " je ne connois en France qu'un homme
" plus bête que M. Maret, c'est M. le duc
" de Bassano."

Il avoit pourtant la prétention d'être homme
à bonnes fortunes, mais il eut une aventure
dans ce genre, qui ne mit pas les rieurs de
son côté.

Ce personnage chargé du poids des affaires
politiques de toute l'Europe, voyoit depuis
plusieurs mois toute sa diplomatie échouer
aux pieds d'une jeune et jolie comtesse que le
grand moyen, la pluye d'or de Jupiter, n'avoit
pas même pu séduire. Il ne pouvoit cepen-
pant se résoudre à lever le siége de la place
qu'il attaquoit, et la comtesse, bien décidée
à ne pas l'admettre dans la citadelle, imagina
une ruse de guerre pour se débarrasser de
l'ennemi qui l'obsédoit. Elle se relâcha peu
à peu de ses rigueurs, et finit par lui promettre un rendez-vous pour la première nuit que
son mari passeroit à sa campagne où il alloit
alors assez souvent pour inspecter des planta-
tions qu'il y faisoit faire.

Un soir le duc de Bassano reçoit un billet de la comtesse qui lui mandoit que son mari venoit de partir, et qu'elle l'attendroit pour souper tête-à-tête à dix heures et demi. Pour le coup, Maret crut avoir ville gagnée. Il se présente à l'heure indiquée à la porte du jardin comme le billet doux le lui avoit recommandé. Une femme de chambre, discrète sans doute, l'y attendoit, et le conduisit à petit bruit dans l'appartement de la comtesse où une élégante collation étoit servie. Pas un domestique ne parut. La femme de chambre fit tout le service, et quand elle eut fait disparoître les restes du souper, elle se retira et laissa l'heureux Maret avec la dame de ses pensées. A l'instant, on frappe à grands coups à la porte. " Qui peut frapper à une " pareille heure ? " dit la comtesse d'un air inquiet. La femme de chambre accourt précipitamment. " C'est M. le comte, madame, " c'est M. le comte !"—" Mon mari !" s'écria la dame, en jouant la surprise. " Il est jaloux " comme un tigre, nous sommes perdus s'il

" vous trouve ici. Mais il ne s'agit que de
" vous cacher un moment : peut-être montera-
" t-il chez moi un instant, après quoi il se
" retirera dans son appartement."— " Le
" voici, madame, le voici !" cria la sou-
brette qui faisoit le guet à la porte. " Eh
" vite, M. le duc, vite !" dit la comtesse en
l'entraînant vers un balcon qu'elle ouvrit et
qui donnoit sur le jardin. Le duc étourdi,
effrayé, se laisse enfermer sur le balcon, malgré une pluye affreuse qui tomboit. Pendant
un quart d'heure il entend la voix des deux
époux qui causoient. Le silence succède, il
espère qu'il va être délivré de sa position
gênante. Mais non, une demi-heure, une
heure s'écoulent, et sa situation est toujours
la même. Il en conclut que le comte passe
la nuit dans l'appartement de sa femme, car
il a trop bonne opinion de lui-même pour
croire qu'on lui ait tendu un pareil piège.

Cependant, quel parti prendre ? attendra-
t-il le jour sur ce balcon ? mais il ne peut
manquer d'y être découvert par les domesti-

ques et peut-être par le comte lui-même. Il examine le terrein autour de lui et voit que le mur du jardin est revêtu d'un treillage. Aussitôt il conçoit l'idée de s'en servir pour descendre ; il passe par-dessus la balustrade du balcon, pose un pied avec précaution sur le treillage, puis l'autre, se soutient avec les mains aux barreaux du balcon, tout alloit bien jusques là ; mais vint le moment où il fallut abandonner tout à fait le balcon et se confier entièrement au treillage qui étoit vieux. Il se brisa sous le poids du diplomate, et le voilà tombé dans un massif de rosiers d'où il ne se releva qu'avec force égratignures aux mains, aux jambes et au visage. Heureusement il n'étoit pas tombé de bien haut, et ne s'étoit pas blessé dans sa chute. Il court à la porte du jardin. Nouveau contretems : elle étoit fermée à double-tour. Une échelle se présente à ses yeux, il la dresse contre le mur, y monte, la tire après lui, descend, et le voilà hors du jardin. Il regagne alors sa voiture qui l'attendoit à cent pas, et ses gens ne furent pas peu surpris de le voir arriver percé jusqu'aux os, et dans un désordre plus facile à imaginer qu'à décrire.

On juge bien qu'il ne fut pas tenté de divulguer cette aventure, mais la comtesse qui craignoit son ressentiment, et qui savoit que l'empereur aimoit assez les aventures de ce genre, fut la première à lui en faire confidence dès le lendemain.   Il en rit beaucoup, en plaisanta le duc, la raconta lui-même à ses courtisans, et tout le public ne tarda pas à se trouver dans le secret.

Cochon, depuis comte de l'Apparent, ne fut ministre qu'un instant, mais il lui arriva quand il n'étoit encore que député, une aventure qui mérite d'être rapportée.   Traversant un jour une place publique, il entendit son nom prononcé par deux hommes assez mal vêtus.   Il tâcha d'écouter leurs discours, mais ils entrèrent au même instant dans une maison voisine, et la seule phrase qu'il entendit fut : Eh bien, " nous le tuerons Lundi." Sur le champ il crut sa vie en danger, et s'étant assuré dans le voisinage qu'ils demeuroient dans la maison où il les avoit vus entrer, il alla à la police les dénoncer comme coupables d'un projet d'assassinat contre lui. On les fit arrêter. Ils restèrent trois jours en prison sans être interrogés. Enfin lorsqu'on daigna s'occuper de leur affaire, on découvrit qu'il ne s'agissoit que de tuer un cochon qu'ils avoient acheté de moitié.

Le comte Regnault de St Jean d'Angely étoit ministre d'état, sans ministère particulier, ou plutôt les ayant tous. C'étoit un de ces hommes qui bravent le mépris public pourvu que l'argent les en console, et qui se rouleroient dans la boue pour y accrocher quelques parcelles d'or. Entreprises de littérature, ou de fournitures militaires; établissemens de tontines, ou de manufactures; on le trouvoit partout—partout où il y avoit de l'argent à gagner.—Sa protection étoit publiquement à vendre, et tous les hommes à projet qui cherchoient des actionnaires, ne manquoient jamais de dire à ceux qu'ils vou-

loient engager à y prendre part : " nous
" aurons pour nous le comte Regnault moyen-
" nant telle somme."

Comme beaucoup des grands seigneurs de
cette époque, il avoit débuté dans le monde
d'une manière très-obscure, et avoit été, au
commencement de la révolution, simple commis dans l'entreprise des convois militaires
sous Lanchère et Arnoult. Comme tant
d'autres, il parvint à s'élever à force de ramper.
Le mépris qu'il inspiroit étoit si général, que
ceux qui pouvoient le braver impunément ne
se gênoient pas pour le lui montrer. Le
comte Rédon se trouvant un jour près de
lui dans un des salons du palais des Tuileries,
Regnault lui frappa familièrement sur l'épaule,
en lui disant : " Bon jour, l'ami Rédon."—
" Monsieur," lui répondit celui-ci, " je ne
" suis pas votre ami, je ne suis l'ami que des
" honnêtes gens." Regnault fit une pirou-
ette, et avala cette pilule avec un sang-
froid qu'il ne perdoit jamais en pareille

occasion, car une humeur querelleuse n'étoit pas son défaut, on lui reprochoit même celui contraire.

Il avoit été un de ceux qui avoient préparé la journée du 18 Brumaire où Bonaparte fut nommé premier consul. Il se rendit à St. Cloud avec lui. Mais quand le moment d'agir fut arrivé, il courut se cacher avec Boulay de la Meurthe dans un cabinet chez le restaurateur de la grille de St. Cloud, et ils ne reparurent qu'après avoir appris le succès de l'entreprise.

On a vu dans la première partie de cet ouvrage la lâcheté qu'il montra le 30 Mars 1814, en abandonnant la légion de la garde nationale de Paris qu'il commandoit, et qu'il avoit conduite hors des barrières pour servir d'arrière garde à l'armée qui combattoit en ce moment les troupes alliées sous les murs de Paris. Il demanda dans la suite que sa conduite fût examinée par un conseil d'enquête qui proclama son innocence, sans en

convaincre personne. On fit à ce sujet l'épigramme suivante.

> Dans cette immense capitale
> Un bruit soudain s'est élevé :
> Le comte Regnault s'est lavé.
> —Grand Dieu ! que l'eau doit être sale !

Le comte Regnault aimoit les plaisirs faciles. Au lieu de passer des mois entiers à filer l'amour parfait aux pieds d'une belle dame qui auroit peut-être fini par rejeter ses hommages, il avoit une espèce de petit sérail composé de comédiennes du boulevard, de filles publiques et de petites ouvrières, et il avoit des idées assez libérales pour que ce sérail fût au service de ses amis. Il n'étoit pas plus jaloux de ses maîtresses que de sa femme, et celle-ci profitoit amplement de la liberté que son mari lui laissoit. Elle avoit d'ailleurs de la beauté, de la jeunesse, de l'amabilité, elle ne pouvoit donc manquer d'adorateurs, et elle avoit la réputation de ne pas faire languir ses amans.

Un jour qu'on célébroit sa fête chez elle,

son buste en marbre, couronné de fleurs, étoit exposé dans son salon à l'admiration d'une compagnie nombreuse. Sur le socle qui le supportoit, étoit écrit en lettres d'or le nom de la déesse du lieu, LAURA. Un mauvais plaisant vit dans ce mot le commencement d'une phrase qui, d'après la réputation de la dame, se présentoit naturellement à l'imagination, et colla sous l'inscription un papier sur lequel étoient écrits très-lisiblement les mots QUI VOUDRA. Tout le monde put lire cette devise jusqu'à ce qu'un officier la fit disparoître. Le comte ne se fâcha point de cette plaisanterie dont l'auteur garda pourtant l'incognito, et la comtesse en rit beaucoup. De méchantes langues dirent même que c'étoit elle qui l'avoit fait placer comme un avis au lecteur.

Le roi Murat fut un des heureux mortels qu'elle favorisa. Sa majesté voulant, au premier de Janvier, lui faire un présent qui fût digne d'elle et de lui, lui offrit un brillant magnifique monté en solitaire. La comtesse, avant de le porter, résolut de s'en servir pour tirer quelque argent de son mari, ce qui n'étoit pas une chose très facile. Un matin, elle va le trouver dans son cabinet, lui montre le brillant, lui dit qu'elle vient de l'acheter cinq cent louis d'un juif, qu'il en vaut au moins le double, qu'il doit revenir dans la matinée pour en toucher le prix, enfin que n'ayant pas cette somme à sa disposition, elle a recours à sa bourse, persuadée qu'il ne voudroit pas lui laisser manquer une si bonne affaire.

Le mari examine le brillant, le trouve si beau qu'il ne peut croire que le juif le donnât pour une telle somme, à moins que ce ne fût une pierre fausse. La dame se récrie, assure qu'elle se connoît très-bien en brillans, et que celui-ci est de la plus belle eau. Pour trancher la difficulté, le comte demande sa voiture, emporte la bague et dit à sa femme qu'il veut avant tout la faire voir au joaillier de la couronne.

La comtesse attendoit son retour avec im-

patience. Il revint enfin. " Vous aviez
" raison, ma chère," lui dit-il d'un air de
triomphe, " la pierre étoit fine, très-fine, et
" la meilleure preuve, c'est que le joaillier
" de la couronne vient de m'en compter
" mille louis. Vous m'avez fait faire une
" excellente affaire. Mais il est juste que
" vous en profitiez aussi et voici un billet de
" mille francs que je vous donne comme
" épingles du marché. Quant au juif, en-
" voyez-le moi quand il viendra, et je lui
" compterai les cinq cents louis." Il savoit
fort bien que le juif ne se présenteroit jamais,
car le même joaillier lui avoit dit qu'il avoit
monté depuis peu ce solitaire pour le roi
Murat, et Regnault ne doutoit nullement que
sa pudique moitié n'en eût payé le prix
d'avance.

Si nous passons maintenant aux généraux
employés sous Bonaparte, la matière seroit
féconde, si nous voulions compiler des volumes
pour grossir le nôtre. Une chose remarquable c'est que presque tous sont partis des

derniers grades de l'armée pour arriver au premier rang.

Moreau parmi eux jouit actuellement d'une grande réputation. Il la doit en partie à la persécution qu'il éprouva. Ses talens militaires ne peuvent être révoqués en doute, mais ils n'éclipsoient pas ceux de quelques-uns de ses compagnons d'armes. Il n'avoit d'ailleurs aucunes connoissances en administration, et des gens qui l'ont connu à l'armée assurent qu'il avoit toujours un jurement sur les lèvres, et la pipe à la bouche. Ce dernier reproche, si c'en est un, paroît assez fondé, car dans une relation officielle de sa mort on trouve le passage suivant : " lorsque le général Moreau " fut blessé, il se trouvoit derrière une bat- " terie Prussienne contre laquelle étoient " dirigées deux batteries Françoises, l'une " sur le front, l'autre dans le flanc.... lors- " qu'il fut atteint du boulet, il poussa d'abord " un long soupir, mais dès qu'il fut revenu à " lui, et qu'on l'eut soulevé, il parla avec le " plus grand sang-froid, et se fit donner une

" cigarre."   Certes il faut une habitude bien invétérée, pour qu'un homme blessé à mort pense encore à fumer une cigarre.   Au surplus ce dont on lui fait aujourd'hui un titre de gloire, sera pour sa mémoire un sujet de reproche dans la postérité.   Thémistocle ternit une belle vie quand il porta les armes pour les Perses contre son ingrate patrie.   Si la guerre civile eut été allumée en France, si des armées Françoises, combattant les unes contre les autres, eussent opposé les fleurs de lys aux aigles, on n'auroit pu qu'admirer, que louer le général qui seroit venu grossir les rangs des soldats armés pour la bonne cause ; mais quand il joignit les armées Russe et Prussienne, il n'étoit pas encore question du rétablissement de Louis XVIII sur le trône de ses pères ; il n'y arrivoit donc que comme auxiliaire d'étrangers armés contre sa patrie, et jamais l'histoire n'accorda d'éloges à quiconque se rendit coupable d'une telle faute.

Mais s'il est des généraux que l'enthousiasme de leurs contemporains a cherché à élever trop haut, il en est aussi que leur in-justice a rabaissés trop au-dessous de la place qui leur est due. De ce nombre est le général Moulin, qui étoit membre du directoire, lors de la révolution qui porta Bonaparte au consulat et par suite sur le trône. On a dit qu'il avoit été tailleur de pierres, qu'il ne savoit ni lire ni écrire, qu'il s'étoit montré révolutionnaire féroce, buveur de sang, &c. La vérité est que Moulin étoit, avant la révolution, sous-inspecteur des ponts et chaussées, place qui exigeoit quelques connoissances, surtout en mathématiques et en géométrie ; ayant pris alors le parti des armes, il s'éleva par son seul mérite au grade de général, car il étoit sans protecteurs. On lui donna le commandement d'une division dans la Vendée, à l'époque où la guerre se faisoit dans ce malheureux pays avec le plus de barbarie et d'acharnement, et les officiers qui ont servi sous lui attestent qu'il en adoucit les fléaux autant qu'il étoit en son pouvoir de le faire. Jamais on ne vit dans sa division, comme dans celle commandée par le général Turreau, des soldats porter sur leurs bayonnettes des enfans encore palpitans. Enfin l'auteur de ces notes a eu occasion de voir de très-longues lettres entièrement écrites de sa main, et elles étoient parfaitement dictées et sans une seule faute d'orthographe. On l'accusa aussi d'être toujours ivre, et sa boisson habituelle n'étoit que de l'eau.

La veille du 18 Brumaire, Dubois de Crancé, alors ministre de la guerre, se rendit au directoire pour lui rendre compte des mouvemens qui se préparoient. Moulin proposa l'arrestation de Bonaparte. On ne peut savoir ce que seroit devenue la France si cet avis eut été suivi, mais il est probable que moins de sang eût coulé dans l'Europe. Quoi qu'il en soit, Bonaparte n'ignora point la proposition faite par Moulin. Ou auroit cru qu'il ne manqueroit pas de s'en venger. Il n'en fit rien. Il savoit que Moulin n'étoit pas homme à conspirer sourdement, et non seulement il lui pardonna, et permit qu'il restât à Paris, mais encore il lui accorda la pension de général de division. Moulin se retira avec sa femme et ses enfans à une campagne qu'il avoit achetée à Pierrefitte, et y vécut comme le plus simple particulier. Après la conquête de la Prusse, Napoléon le fit sortir de sa retraite pour lui donner le gouvernement d'Elbing. Moulin non seulement n'y commît pas de pillage, mais il n'en laissa point commettre par ceux qui étoient sous ses ordres. Aussi lorsqu'il quitta cette ville, les habitans lui témoignèrent-ils leur reconnoissance par la délibération la plus honorable, et voulurent lui faire un présent considérable dont il n'accepta qu'une épée. Il mourut peu de tems avant la guerre de Russie dans sa retraite de Pierrefitte, et l'on vit alors que cet homme qui avoit été successivement général de division dans la Vendée, général en chef d'une armée d'observation sur les frontières d'Espagne, l'un des directeurs de la république Françoise, et gouverneur de plusieurs places conquises en Prusse et ensuite en Autriche, ne laissoit pour toute fortune que sa maison de campagne et environ douze mille livres de rente (£500 st.) exemple que je crois unique parmi tous les généraux de Napoléon.

Il est un général sur le sort duquel un certain parti a affecté de s'appitoyer, et dont il cite encore la mort comme un trait d'injustice et de cruauté qui couvre de honte le gouvernement actuel de la France. Cependant le maréchal Ney ne s'étoit pas contenté d'être tout simplement un traître comme tant d'autres de ses confrères : il y avoit joint une duplicité que rien ne peut excuser. Tout Besançon peut attester que lorsqu'il arriva dans cette ville pour prendre le commandement de l'armée destinée à marcher contre Bonaparte, il fit réitérer par ses troupes le serment de fidélité à Louis XVIII, et, deux heures après, les aigles impériales étoient arborées dans tous ses rangs, et le drapeau tricolore y flottoit de toutes parts. Nous croyons qu'il seroit difficile de citer une trahison qui présentât un caractère plus odieux.

Mais quelles couleurs prendrons-nous pour

peindre un général sur la tête duquel on ne sauroit accumuler assez d'exécrations ? Vandamme, fils d'un notaire de Cassel, dans le département du Nord, réunissoit en lui tous les vices, et il seroit difficile de dire s'il étoit plus violement tourmenté de la soif de l'or que de celle du sang.

Tandis qu'il commandoit le département du Nord, on lui amena un émigré pris les armes à la main et que les loix sanguinaires qui existoient alors condamnoient à la mort. Il ordonna qu'on le fusillât sur le champ. Cet émigré avoit une fille âgée de dix à douze ans. Elle vint se jeter aux pieds du général pour tâcher d'obtenir la grâce de son père. " Où " étois-tu pendant l'émigration de ton père?" lui demanda le monstre.—" Avec lui, géné- " ral." A ces mots, il prend un pistolet et brûle la cervelle de cette malheureuse enfant.

Toute la ville de Lille où cette scène atroce se passa peut certifier la vérité du fait. Elle dira aussi que lorsqu'on prenoit des émigrés, ce tigre les faisoit conduire sur la place pu-

blique, et goûtoit un plaisir féroce à les assassiner de ses propres mains. On ne peut d'ailleurs le révoquer en doute, puisque ce misérable indigne du nom d'homme, de François
et de soldat, se faisoit lui-même un honneur
de sa cruauté. Dans une lettre qu'il écrivit
au comité de salut public, et qui fut insérée
en entier dans le Moniteur du 26 Octobre
1793, on trouve le passage suivant.

" Dans le nombre des prisonniers que nous
" avons faits se trouvent trois émigrés. J'ig-
" nore si vous connoissez le traitement que je
" leur fais quand j'ai le bonheur d'en attra-
" per. Je ne donne pas à la commission
" militaire la peine de les juger ; leurs procès
" sont faits sur le champ ; mes pistolets et
" mon sabre font leur affaire."

Et ce scélérat, prisonnier en Russie, osa se
plaindre au grand duc Constantin du mauvais
traitement qu'on lui faisoit éprouver en le
menant dans une voiture ouverte et en l'expo-
sant par là aux insultes de la populace! on
auroit dû l'enchaîner et le conduire dans

une cage de fer comme une bête féroce, et le prince Constantin eut bien raison de lui répondre que les traitemens les plus durs seroient encore trop doux pour un homme souillé comme lui des crimes les plus noirs. Il lui fit retirer son épée, ne le jugeant pas digne de la porter.

Une espèce de Vandamme, au civil, étoit le comte Merlin, auteur de la loi sur les suspects, loi qui plongea des milliers de François dans les cachots où un si grand nombre furent massacrés en Septembre. Il étoit avocat au parlement de Douay quand la révolution éclata, et il y avoit acquis de la réputation par ses talens. Après avoir été fougueux jacobin, et membre du directoire, il devint un des plus vils flatteurs de Bonaparte, un des plus utiles instrumens de son despotisme. Ce n'étoit pas qu'il eût changé d'opinion. Il étoit toujours révolutionnaire par goût, mais il n'avoit d'autre dieu que l'argent, d'autre âme que l'hypocrisie. Voici un trait de perfidie et de duplicité dont il se rendit coupable étant directeur. Je le choisis, entre plusieurs autres, par ce qu'il n'a jamais été cité.

Un gentilhomme de sa province, avec lequel il avoit été lié avant la révolution, avoit émigré avec toute sa famille. Ayant appris du fond de l'Allemagne que le directoire professoit des principes de modération, avoit prononcé la radiation d'un certain nombre d'émigrés, et n'inquiétoit pas les femmes qui rentroient en France sans autorisation, il se détermina à envoyer à Paris sa fille aînée, jeune personne alors âgée de 18 ans, intéressante sous tous les rapports. S'étant logée chez une de ses parentes dans la capitale, elle alla voir Mme. Merlin qu'elle avoit connue lorsqu'elle habitoit Douay. Celle-ci l'accueillit à bras ouverts, la présenta à son mari qui la connoissoit aussi, et qui lui promit de travailler à la radiation de son père, radiation qui seroit prononcée à l'instant même, disoit-il, si elle dépendoit de lui seul.

Cependant les semaines et les mois s'écouloient, et malgré les fréquentes sollicitations de la jeune personne, l'affaire de son père n'étoit pas plus avancée que le jour de son arrivée. Un matin elle arrive chez Mme. Merlin qui l'invite à rester à dîner, parce que son mari étant au directoire, et la séance devant être consacrée à des radiations d'émigrés, il auroit peut-être de bonnes nouvelles à lui apporter. Elle attend avec impatience. Merlin arrive, elle l'interroge en tremblant. " Rien de nouveau," lui dit-il, " le moment " n'est pas encore favorable, mais ne vous " chagrinez pas, ma chère enfant, espérez " toujours." Deux jours après, elle apprit que, dans cette même séance, et sur le rapport de Merlin, le directoire avoit prononcé la maintenue de son père sur la liste des émigrés. Ce ne fut qu'un an après, et grâce au crédit de Pons de Verdun, qu'il obtint sa radiation.

Pons de Verdun est encore un des hommes à qui ses contemporains ne rendent pas justice. Il eut sans doute des torts à se reprocher, il vota la mort de Louis XVI, et avoit

auparavant fait à la convention le rapport qui
précéda la loi rendue contre les émigrés. Mais
jamais on ne lui demanda un service qu'il ne
fût prêt à le rendre, et un grand nombre
d'émigrés lui durent la vie ou leur rentrée
dans leur patrie.   Il fut en outre du très petit
nombre de ceux qui ne vendirent jamais leur
crédit et leur protection.   Aussi vécut-il toujours dans une honorable pauvreté, et il
n'avoit d'autres moyens d'existence que sa
place de substitut du procureur-impérial près
la cour de cassation, lorsque le retour de
Louis XVIII en France l'exila de sa patrie.
L'empereur ne lui avoit pas donné cette place
par prédilection particulière, mais par ce qu'il
le savoit en état de la bien remplir.   Du reste
il ne l'aimoit point, par ce qu'il n'étoit pas
courtisan, car par une contradiction singulière, mais qui n'est pas rare dans le cœur
humain, Napoléon aimoit la flatterie, tout en
méprisant les flatteurs.   Parlant un jour d'un
de ses courtisans qui depuis dix ans ne s'étoit
élevé qu'à force de courbettes, " cet homme

" là," dit-il, " a six pouces plus que moi,
" et cependant ce n'est jamais qu'en me bais-
" sant beaucoup que je puis parvenir à l'en-
" tendre."

Parmi les plus vils et les plus lâches de ces
flatteurs, il faut mettre au premier rang le
conseiller d'état Bigot de Préameneu, depuis
ministre des cultes. Voici une anecdote qui
en fournira la preuve.

M. de Pancemont, curé de St. Sulpice à
Paris, homme respectable sous tous les rapports, avoit été nommé évêque de Vannes par
l'empereur. Comme il se rendoit à son évêché, quelques Vendéens, ne voyant en lui
qu'un intrus, résolurent de l'empêcher de
prendre possession de son évêché, l'enlevèrent
au coin d'un petit bois, le retinrent prisonnier
dans une grotte, et le pauvre évêque mourut
quelque tems après des suites de la frayeur
que cet événement lui avoit occasionnée.
Cet enlèvement fit d'autant plus de bruit qu'il
prouvoit que la Vendée, qu'on disoit alors paci-
fiée, nourrissoit encore dans son sein un fer-

ment de révolte et de désordres. On fit des recherches pour découvrir les coupables, on en arrêta quelques-uns, ils furent mis en jugement, convaincus et condamnés.

Parmi eux se trouvoit un neveu de Bigot de Préameneu. Dès que celui-ci eut appris sa condamnation, il court aux Tuileries, et est introduit dans le cabinet de l'empereur qui avoit près de lui en ce moment le grand juge et quelques conseillers d'état de la section de l'intérieur. Son premier mouvement fut de se jeter aux pieds de son maître. " Ah ! " sire," s'écria-t-il, en se cachant le visage des deux mains, " quelle funeste nouvelle je viens " d'apprendre ! "—" Comte," lui répondit l'empereur, " je suis fâché de ne pouvoir vous " accorder ce que vous venez me demander. " Un exemple est nécessaire. Votre neveu " est trop coupable pour que je lui pardonne." " Ah ! sire," reprit M. Bigot, " je ne viens " pas solliciter de votre clémence la grâce " d'un coupable, mais supplier votre majesté " de ne pas me rendre reponsable du crime

" d'un malheureux que je désavoue, de ne
" pas m'envelopper dans sa disgrace, et de
" voir toujours en moi le sujet le plus fidèle et
" le plus dévoué."

On peut se figurer la surprise des témoins
de cette scène. Napoléon ne put dissimuler
le dégôut qu'elle lui inspiroit, et tourna le dos
au vil courtisan sans daigner lui répondre, et
celui-ci croyant voir dans cette marque de
mépris un avant-coureur de sa disgrace, se
retira l'âme navrée, et pleurant, non sur le
malheur de son neveu, mais sur la perte de sa
faveur.

Le comte de Ségur, d'une famille illustrée,
mais peu ancienne, étoit encore un de ces
courtisans à qui nulle bassesse ne coutoit pour
plaire au maître. Tous ses discours, malheureusement pour lui conservés dans le Moniteur,
respirent la plus servile adulation. " Le
" hameau, l'hospice et la chaumière," disoit-
il en Août 1807, en parlant de Napoléon,
" intéressent l'attention de son esprit et les
" affections de son cœur," quand les ha-

meaux étoient dépeuplés par son affreux système de conscription, quand les hospices étoient remplis de blessés immolés à son ambition, quand il existoit à peine une chaumière où l'on ne pleurât la mort ou l'absence d'un fils, d'un frère ou d'un époux. Il ne rougissoit pas même de se souiller par les mensonges les plus grossiers, et quand il fut envoyé par l'empereur à la fin dé 1813 dans les départemens pour y organiser une levée en masse contre les troupes alliées qui pénétroient en France, voulant enflammer d'un beau zèle l'esprit des habitans, en leur faisant craindre les maux qui suivent la guerre dans les lieux qui en sont le théâtre, il avança le 2 Janvier 1814, dans un discours prononcé à Troyes, que l'armée des alliés, en passant à Bâle, y avoit exigé une contribution de deux millions. Il ne savoit donc pas que l'effet du mensonge est de faire douter de la vérité même. Il n'avoit malheureusement pas besoin de recourir à la fausseté pour peindre les suites désastreuses que devoit attirer sur la France l'ambition d'un seul homme.

Le comte de Ségur étoit, comme on le voit, le digne héritier du maréchal du même nom qui, au commencement de la révolution, fut le seul de tous les maréchaux de France qui prêta le serment exigé par les novateurs, donnant pour raison qu'il avoit juré depuis long-tems de ne pas mourir de faim, et que ce premier serment nécessitoit le second. Rivarol disoit de ce maréchal qui étoit manchot, " le maréchal de Ségur tend " toujours la main du bras qui lui manque," parce que toutes les fois qu'il sollicitoit une faveur, il ne manquoit jamais de se prévaloir de cette circonstance.

Tous ces courtisans chamarrés de cordons, de titres et de dignités, si fiers et si impudens dans le public, étoient rampans et tremblans devant l'empereur. A peine osoient-ils se charger d'une pétition qu'un ami les prioit de lui présenter. Ils savoient cependant que sur les mille pétitions qui arrivoient tous les jours pour l'empereur, à peine en lisoit-il une, et il s'en trouvoit même un grand nombre qui ne parvenoient jamais à leur destination. Il existé à ce sujet une anecdote assez plaisante, et c'est le moment d'en régaler nos lecteurs.

Un émigré rentré en France, après avoir obtenu sa radiation de la liste fatale, apprit, en y arrivant, que tous ses biens avoient été vendus, à l'exception d'un hôtel qu'il avoit à Paris, mais qui étoit occupé par une administration publique. La difficulté étoit d'en obtenir la restitution. Il s'adressa à un de ses parens qui étoit l'un des chambellans de l'empereur, et lui demanda ses avis. Celui-ci lui dit qu'il falloit préparer une pétition, mais que pour qu'elle fût utile, il étoit indispensable de trouver quelqu'un qui la présentât à sa majesté, et qui eût assez de crédit pour la lui faire lire. Après quelques momens de réflexion, il pensa à l'impératrice Joséphine qui lui avoit toujours témoigné de la bienveillance, et promit de lui parler de cette affaire.

A peine eut-il prononcé le nom de son parent, que l'impératrice s'écria qu'elle l'avoit beaucoup connu avant la révolution, qu'elle se chargeoit de son affaire, et qu'elle vouloit qu'il le lui amenât le lendemain après l'heure où elle déjeunoit ordinairement. Il court porter cette bonne nouvelle à son ami qui se met à rédiger sa pétition, et le lendemain à l'heure indiquée, ils arrivent au palais. Joséphine reçoit les deux amis avec les grâces qui ne la quittoient jamais, promet à l'émigré rentré de lui obtenir justice, et lui demande sa pétition. Elle la reçoit sans la lire, la dépose sur une table, et les supplians se retirent après s'être épuisés en remerciemens.

Le lendemain, le chambellan étant de service aux Tuileries, l'impératrice l'aperçoit et lui dit : " j'ai remis à l'empereur la péti-" tion de votre parent. Nous l'avons lue " ensemble. Il m'a promis d'y faire droit. " Ainsi assurez-le qu'il peut être tranquille."

Il attendoit avec impatience l'instant où ses devoirs lui permettroient d'aller porter à son parent des espérances si flatteuses, quand un valet de pied du château vient lui annoncer que son domestique est au bas du grand escalier et demande à lui parler un instant pour une affaire pressante. Il descend, et trouve avec lui le pauvre émigré, la figure allongée d'une demi-aune. Il s'empresse de lui faire part de ce qu'il vient d'apprendre, mais quelle est sa surprise quand son parent lui dit qu'il a commis la veille une cruelle bévue, et qu'au lieu de remettre sa pétition à l'impératrice, il ne a lui donné que le mémoire de son tailleur.

Ici se termine tout le piquant de l'anecdote, mais comme nous aimons à croire que quelques-uns de nos lecteurs prendront un peu d'intérêt au héros de l'aventure, nous croyons devoir leur en donner la suite.

Les deux amis furent un instant dans l'embarras. Que pouvoient-ils faire? L'impératrice avoit assuré qu'elle avoit lu la pétition avec l'empereur : étoit-il possible d'aller lui dire : " Madame, vous avez menti, car vous " n'aviez pas cette pièce ?" Enfin le chambellan prend la pétition de son parent, l'engage à ne pas se désespérer, et remonte au palais. Ayant fait demander à Joséphine la

permission de lui parler un instant, et l'ayant obtenue, " Madame," lui dit-il, " mon pa-
" rent s'est rappelé qu'il a oublié des choses
" essentielles dans la pétition dont vous avez
" bien voulu vous charger.   En voici une
" nouvelle qu'il a rédigée.   Comme mon de-
" voir me conduira plus d'une fois aujourd'hui
" en présence de sa majesté, me permettez-
" vous de la lui remettre de votre part ?"—
" Très volontiers," répondit-elle, " mais
" cette précaution étoit inutile, l'affaire ira
" d'elle-même."

Malgré cette assurance, il n'en présenta pas moins la pétition à Napoléon, en lui disant que l'impératrice le prioit de vouloir bien y jeter les yeux. Il la parcourut rapidement. On ignore si Joséphine lui parla ou non de cette affaire, mais ce qui est certain, c'est que, peu de jours après, l'émigré rentra en possession de son hôtel. Quant au mémoire du tailleur, on n'en entendit jamais parler, et il est à présumer qu'il eut le sort de plusieurs milliers de pétitions jetées au feu sans avoir jamais été ouvertes.

Au surplus, rien n'étoit plus commun à la cour de Napoléon que ces promesses de protection qui n'étoient suivies d'aucun effet, et en voici un exemple assez frappant.

Les élèves de l'école polytechnique avoient ordinairement la faculté de se placer à leur choix dans le génie, l'artillerie, les mines, ou les ponts et chaussées. La famille d'un jeune homme, qui avoit fait de très bonnes études, désira le faire entrer à cette école afin qu'il pût passer ensuite dans les ponts et chaussées, et se trouver ainsi à l'abri de la conscription. Il étoit sorti avec honneur de tous les examens préparatoires, et il ne falloit plus qu'un peu de protection pour décider son admission. Un de ses oncles avoit quelques liaisons avec le secrétaire général du ministère de l'intérieur d'où cette nomination dépendoit. Il lui recommanda vivement son neveu, et celui-ci ne manqua pas de s'épuiser en belles promesses. A l'époque des nominations, on remet en même tems à l'oncle deux lettres venant du ministère de l'intérieur. Il ouvre celle sur l'adresse de laquelle il reconnoît l'écriture du secrétaire. Celui-ci lui mandoit qu'il étoit désespéré d'avoir à lui apprendre que malgré tous ses efforts, il n'avoit pu réussir à obtenir l'admission de son neveu à l'école polytechnique. Il ouvre la seconde, elle contenoit la nomination du jeune homme. Le fait est qu'il avoit été nommé sans protection, sans que le secrétaire eût prononcé son nom, uniquement d'après le rapport qui avoit été fait de la manière dont il avoit soutenu ses examens.

Il eut été heureux au surplus que ceux de qui dépendoit cette nomination l'eussent oublié aussi complètement que son prétendu protecteur. Emile Bonnier (c'est le nom du jeune homme) fit de tels progrès pendant les deux ans qu'il passa à l'école polytechnique qu'on ne lui laissa pas le choix de sa profession. Un décret spécial de Napoléon le mit à la disposition du ministre de la guerre avec plusieurs de ses camarades, et on les envoya à l'école spéciale du génie à Metz. Il n'y étoit que depuis un an, quand l'armée Françoise partit pour la Russie. On manquoit d'ingénieurs, et le gouverneur de l'école reçut ordre de faire partir pour Smolensk les quatre élèves qu'il jugeroit le plus instruits. Bonnier eut le malheur d'être encore de ce nombre, et il partit comme sous-lieutenant de génie.

Chemin faisant il rencontra le colonel sous lequel il devoit servir. Cet officer prit le jeune homme en amitié, lui donna une place dans sa voiture, et ils ne se quittèrent plus. Ils avoient ordre d'attendre à Smolensk leur destination ultérieure, et ils y restèrent jusqu'au moment où tous les fléaux conjurés vinrent fondre sur l'armée Françoise. Bonnier et un autre de ses compagnons suivirent leur colonel dans la retraite précipitée qu'il fallut faire. Cet officier déjà d'un certain âge eut les deux jambes gelées. On le jeta sur une charrette remplie de paille. Mais un soir quand il fallut monter une colline, le verglas étoit tel, qu'il fut impossible de faire avancer les chevaux. Les deux jeunes gens avoient encore toutes leurs forces. Leur colonel leur ordonna de le quitter et de tâcher de gagner Berlin. L'un d'eux obéit, et fut du petit nombre de ceux qui revirent la France. Bonnier répondit à son colonel qu'il manqueroit pour cette fois à la subordination, et qu'il ne l'abandonneroit point. Depuis ce moment on n'eut plus de leurs nouvelles. Ils furent tous deux ensevelis dans le tombeau commun de tant de François. Nous regrettons de ne pas nous rappeler le nom de ce colonel qui étoit un officier du plus grand mérite. Sa famille écrivit au père du jeune Bonnier une lettre pour lui témoigner toute sa reconnoissance du noble dévouement de cet infortuné jeune homme. Mais est-il quelque chose qui console un père de la perte d'un fils, et combien de pères ont eu alors de fils à pleurer?

Cefut peu de tems après cette époque, lorsque toutes les familles étoient en larmes et en

deuil, qu'une nouvelle conscription fut levée,
avec plus de sévérité que jamais, pour former
l'armée qui devoit être sacrifiée l'année suivante dans les plaines de la Saxe. Cette levée
se faisant avec lenteur et difficulté, des officiers
furent envoyés dans tous les départemens pour
l'accélérer. Un colonel chargé de cette opé-
ration dans un arrondissement du Finistère,
ordonna au maire d'une commune assez nombreuse, de rassembler tous ses hommes et de
les ranger sur trois lignes de hauteur. Pendant que le maire exécute cet ordre, il prend
un léger repas qu'il avoit ordonné. Il l'avoit
à peine terminé qu'il reçoit du maire un mes-
sage dans lequel il le prioit de l'excuser s'il
n'avoit pu remplir tout à fait ses intentions,
mais il lui avoit été impossible de ranger ses
hommes autrement que sur deux lignes de
hauteur. Il l'engageoit même à venir sans
délai au lieu du rendez-vous, attendu qu'il ne
se flattoit pas de pouvoir maintenir cet ordre
bien long-tems. Le colonel ne conçoit rien
à cette nouvelle. Il court sur la place pu-

blique, et y trouve ses futurs soldats rangés littéralement sur deux lignes de hauteur, c'est à dire un homme monté à califourchons sur les épaules de l'autre.

Dans une commune du département du Nord, comme on faisoit faire l'exercice à feu à des conscrits de nouvelle levée, l'un d'eux mit trois cartouches dans son fusil. Lors qu'on commanda de faire feu, la violence du coup renversa l'apprenti héros. Un de ses voisins le releva et un autre alloit ramasser son fusil, quand il s'écria vivement : " Prenez " bien garde ! j'ai chargé trois coups, et je " n'en ai tiré qu'un."

Dans les ouvrages publiés en France au commencement de la révolution, on a bien souvent accusé la noblesse Françoise de hauteur et de fierté. Ce reproche conçu en termes généraux étoit une injustice. La politesse et l'affabilité sembloient héréditaires dans ces familles véritablement nobles, dont le nom se retrouve, à chaque page, dans les annales de la monarchie. Mais il est certain qu'une mor-

gue ridicule faisoit le caractère de cette noblesse moderne qui, dans certaines provinces,
bouffie d'orgueil d'une illustration récente, ne
croyoit pouvoir s'élever qu'en humiliant les
autres, et traçoit une ligne de séparation entre
elle et les autres classes qui ne faisoient que
rire de cet orgueil mal entendu. Rien n'étoit
plus ordinaire que de voir ces petits gentillatres
pétris d'ignorance et de présomption, jeter le
regard dédaigneux du mépris sur des négo-
cians riches et instruits qui faisoient honneur à
leur patrie et assuroient sa prospérité. Le
même esprit se faisoit remarquer parmi les
nobles de la création de Napoléon, et les
mêmes causes le faisoient naître. Ils sentoient
l'immense intervalle que l'opinion publique
mettoit entre eux et ces anciens preux dont
l'origine se confond avec celle de la France, et
ils s'efforçoient de la combler à force d'impudence et de fierté. Leurs efforts étoient d'autant plus risibles, qu'il s'y mêloit souvent une
dose de sottise qui devenoit très divertissante.
C'étoit surtout chez les femmes que ce mé-

lange d'orgueil et d'ignorance donnoit lieu à des scènes très plaisantes, et rien n'étoit moins étonnant : une partie des hommes tirés des dernières classes du peuple, et que la fermentation révolutionnaire avoit poussés sur la surface, étoient mariés avant le nouvel ordre de choses : ils n'avoient pu choisir leurs épouses que dans les mêmes rangs de la société d'où ils étoient sortis. Celles-ci avoient pu aisément substituer à leur ancien costume les vêtemens les plus riches, mais il étoit plus difficile de se débarrasser de leur ton vulgaire, de leurs manières communes, et la grisette se reconnoissoit toujours sous les diamans qui couvroient la duchesse. On feroit un gros volume en réunissant seulement les traits d'ignorance grossière, de ridicule vanité, et de sottise triviale qu'offre l'histoire de certaines femmes qui ornoient la cour de Napoléon.

Un jour que la maréchale le Febvre se rendoit chez l'impératrice Joséphine avec Mme. Lanne, depuis duchesse de Montebello, on lui dit à la porte que sa majesté ne recevoit

personne. "Comment, comment, personne!"
s'écria-t-elle : " dites-lui que c'est la femme à
" le Febvre, et la celle à Lanne." On rit
beaucoup dans tout Paris de *la selle à l'ane.*

La même dame se trouvant à dîner chez le
cardinal Caprara un Vendredi, refusoit tout
ce qu'on lui présentoit. Son éminence le
remarqua, et lui demanda si elle étoit indis-
posée, ou si elle manquoit d'appétit : " non,
" monseigneur," lui répondit-elle, " mais
" je ne vois que du poisson et des œufs, et
" je ne mange jamais que des carnivores."

Le conseiller d'état Boulay de la Meurthe
étant venu un soir chez la femme d'un sénateur dont nous regrettons d'avoir oublié le
nom, lui dit qu'il venoit de dîner en grande
compagnie chez le banquier Perregaux, que
le poète le Brun étoit du nombre des convives, et qu'il les avoit régalés au dessert d'une
excellente épigramme. La pauvre comtesse
à qui l'on avoit peut-être adressé quelques
madrigaux, mais qui jamais n'avoit entendu
parler d'une épigramme, crut qu'il s'agissoit
de quelque mets recherché qu'elle avoit le

malheur de ne pas connoître, et ne voulant point paroître avoir une table moins délicatement servie que celle du banquier, elle s'empressa de s'écrier que son cuisinier en faisoit d'excellentes. Comme on parloit beaucoup en ce moment d'un cordonnier nommé François qui venoit de faire une tragédie intitulée : " le Siège de Palmyre," on crut que le cuisinier de la comtesse faisoit des épigrammes, comme le cordonnier des tragédies. Mais lorsqu'elle ordonna le lendemain une épigramme pour son dîner, quelle fut sa consternation, quand son cuisinier, plus instruit qu'elle en littérature, lui apprit qu'une épigramme n'étoit qu'une pièce de vers. Au surplus cette aventure, qui ne resta pas secrète, lui en valut plusieurs.

Mme. Soult, duchesse de Dalmatie, ayant eu occasion d'écrire un jour à Mlle. Bourgoin, actrice du Théâtre François qui ne manque pas d'esprit, signa son billet : *Sophie de Dalmatie.* Mlle. Bourgoin signa sa réponse : *Iphigénie en Aulide.*

La femme d'un sénateur, ancienne tricoteuse de Robespierre, devenue tout nouvellement comtesse de l'empire François, ayant appris que beaucoup de gens comme il faut se faisoient souvent nier par leurs domestiques, jugea qu'il étoit convenable à sa nouvelle dignité, de paroître quelquefois absente, même en restant chez elle, prévint un matin son Suisse qu'elle n'y seroit de la journée pour personne, mais lui recommanda de tenir une liste exacte de tous ceux qui pourroient se présenter pour la voir. Après s'être bien ennuyée de sa solitude tout le long du jour, elle demanda cette liste dans la soirée pour se procurer du moins un instant de distraction. Le premier nom qu'elle y aperçoit est celui de sa sœur qui, comme elle, avoit eu le bonheur d'obtenir un titre dans un moment où on les prodiguoit, comme on prodigua depuis les fleurs de lys que personne ne voulut plus porter, quand on vit des laquais s'en décorer. Elle fait venir son Suisse, le réprimande, quoiqu'il eût fidèlement exécuté ses ordres, et lui

dit de ne pas oublier qu'elle y est toujours pour sa sœur, et de ne jamais lui refuser la porte. Quelques jours ensuite, la sœur revient. Le Suisse, non moins exact à sa consigne, la laisse passer. Cependant quand elle arrive à l'appartement de la comtesse, elle y apprend qu'elle est véritablement sortie. En s'en retournant, elle fait des reproches au portier de ne pas lui avoir évité la peine de descendre de voiture et de monter l'escalier, tandis qu'il devoit savoir que sa maîtresse n'étoit pas chez elle. " Sans doute, madame," répondit le Suisse imperturbable, " je le sa-
" vois très-bien, mais madame la comtesse
" m'a dit qu'elle y étoit toujours pour vous."

Si nous voulions fouiller dans les archives de la chronique scandaleuse, nous aurions un ample champ à moissonner, mais l'histoire des galanteries de la cour de Napoléon ne feroit que fournir un second volume au tableau des débordemens de la régence sous le ministère du cardinal Dubois, et nous avons résolu de ne pas admettre dans cet ouvrage de traits licencieux.   Il faut convenir d'ailleurs que, depuis l'arrivée de Marie Louise en France, le vice, s'il ne disparut point de la cour, y prit un masque pour se cacher. Elevée dans des principes de vertu, elle ne souffroit ni un mot à double entente, ni le récit d'une anecdote graveleuse, ni même un mot tant soit peu libre.   Un homme célèbre dans Paris en fit la triste expérience.

Qui n'a pas entendu parler du marchand de modes le Roy, qu'on nommoit " le roi des " modes ?" une robe, un corset, un bonnet, un chapeau n'avoient le droit de plaire qu'autant qu'ils sortoient de son atelier, car le mot boutique seroit trop ignoble pour un personnage de cette importance.   Il étoit donc impossible qu'il ne fût pas choisi pour habiller la nouvelle souveraine de la France.   Un jour qu'il venoit lui apporter une robe, l'impératrice lui ordonna de passer dans une chambre voisine, tandis qu'elle alloit l'essayer.   Le Roy n'étoit pas habitué à trouver dans les dames de la cour une telle attention au décorum, un tel respect pour la décence, et le soin avec lequel la princesse conservoit sa dignité, lui parut presque un attentat à la sienne. Enfin quand la robe est passée, on lui fait dire de rentrer, et Marie Louise lui dit qu'elle est trop décolletée. " Ah ! madame ! " ose dire l'impudent personnage, " cela n'en fait " que mieux voir les belles épaules de votre " majesté."—" Qu'on mette cet homme à la " porte," dit froidement l'impératrice à ses femmes. L'ordre fut exécuté, et il ne reparut plus devant elle.

Nous terminerons cet ouvrage par quelques traits détachés qui n'ayant pu trouver place dans le cours de la narration qui précède, serviront à faire connoître encore quelques personnages célèbres de l'époque qui nous occupe.

Mme. de Staël, aussi intrigante, aussi ambitieuse, et aussi bouffie de vanité que le Genevois son père, ne devint acharnée contre Napoléon que parce qu'il avoit mortifié sa vanité. L'empereur passant près de Coppet, voulut y voir M. Necker.   Sa fille s'y trouvoit en ce moment.   Elle assista à la conférence, voulut prendre part à la conversation, et, avec son pédantisme ordinaire, donner au souverain de la France une leçon sur l'art de la gouverner.   Napoléon ne lui répondit qu'en lui demandant si elle avoit des enfans. Cependant quand il revint de l'île d'Elbe, Mme. de Staël, alors à Paris, lui écrivit une lettre, où, en employant toutes les ressources de son esprit pour le féliciter sur son retour, elle le supplioit humblement de lui permettre de rester dans la capitale.   Le comte Regnault de St. Jean d'Angely fit voir cette lettre à plusieurs personnes, comme un monument curieux d'une victoire remportée par Napoléon sur l'orgueil d'une femme plus difficile à réduire, que la Prusse et l'Autriche ne l'avoient été pour lui autrefois.

Ce fut contre cette dame que le mordant le Brun fit l'épigramme suivante.

Corinne se consume en efforts superflus :

La vertu n'en veut point, le vice n'en veut plus.

Bien des gens ont pourtant prétendu que ce fut contre Mme. de Genlis que ce poète la dirigea.

Cette épigramme nous en rappelle une autre qui fut faite contre Mme. Fanni Beauharnois, tante de l'impératrice Joséphine, qui n'obtint jamais d'autre faveur de Napoléon qu'une pension de 24,000 francs. Cette dame, auteur de plusieurs ouvrages en vers et en prose que la voix publique attribuoit à des littérateurs connus, réunissoit souvent chez elle un grand nombre d'hommes de lettres. Elle avoit conservé les agrémens de la figure, à un âge où les dames commencent ordinairement à les regretter. Un jour qù'on célébroit sa fête par l'inauguration de son buste, on remarqua un papier placé entre le buste et le piédestal qui le soutenoit. On s'imagina que c'étoit une pièce de vers en l'honneur de la divinité du jour; quelqu'un s'en empara sur le champ et lut à haute voix le vers suivant:

Eglé, belle et poète, a deux petits travers :

on interrompit la lecture par des éclats de

rire et des applaudissemens, on crut qu'il ne s'agissoit que d'une plaisanterie qui alloit finir par des éloges. " Voyons, voyons," crioit-on : " quels sont les travers de ma- " dame? Ah ! vous avez des travers ! quelle " est la jolie femme qui n'en ait point ?" Le silence se rétablit, on demande la continua- tion de la lecture, mais le lecteur, d'un air de colère et de consternation, déchire le fatal papier en mille morceaux. Il ne contenoit que cet autre vers :

> Elle fait son visage, et ne fait pas ses vers.

Cette saillie fut attribuée à M. de Rivarol.

Le *Journal des Débats*, qui ne se distingue pas toujours par l'aménité de sa critique, avoit inséré dans un de ses numéros une diatribe sanglante contre un professeur estimable et estimé de l'école polytechnique, M. Biot. L'article n'étoit pas signé, mais les élèves de cette école crurent y reconnoître le style de Malte Brun, l'un des collaborateurs de ce journal. Ils résolurent d'administrer une cor- rection au journaliste, mais chacun d'eux vouloit en être chargé, et le sort décida parmi trois cents jeunes gens quels seroient les vingt auxquels on confieroit l'exécution de ce projet. Le sort décida encore du rôle de chacun d'eux. Quatre, destinés à remplir la principale fonction, entrèrent chez le journaliste : quatre autres se stationnèrent à sa porte pour empêcher l'entrée de tout secours étranger, et les douze autres se promenèrent quatre à quatre dans la rue, prêts à prêter main-forte à leurs camarades si le cas l'exigeoit. Le journaliste fut très surpris de voir entrer chez lui à dix heures du matin quatre jeunes gens en uniforme, et il le fut bien davantage quand après avoir répondu affirmativement à la demande qu'ils lui firent s'il étoit M. Malte Brun, ils les virent tirer de petites cannes cachées sous leurs habits, et lui en caresser les épaules. Ce ne fut qu'après cette cérémonie qu'il fut possible d'entrer en explication, et le pauvre géographe jura qu'il n'étoit pas l'auteur de l'article, ce qui étoit vrai, et qu'il ne le connoissoit même pas, ce qui étoit possible.   Les jeunes gens lui dirent qu'ils étoient fâchés de la méprise, mais qu'au surplus il pouvoit rendre à son confrère ce qu'il venoit de recevoir pour lui.

La police apprit cette aventure, fit les recherches les plus exactes pour en connoître les auteurs, sans pouvoir y réussir.   Parmi les trois cents élèves de l'école polytechnique, il ne se trouva pas un seul traître ; ils aimèrent mieux se laisser punir en masse que de dénoncer leurs camarades.   On demanda à Malte Brun s'il pourroit reconnoître ceux qui s'étoient présentés chez lui, mais le journaliste qui ne vouloit pas se faire une nouvelle querelle avec ces messieurs, eut grand soin de répondre que la chose lui seroit impossible.

Un des collaborateurs de ce journal étoit le célèbre Geoffroy, l'un des meilleurs critiques modernes, et sans contredit celui qui avoit le goût le plus sûr, et le jugement le plus sain. Le *Journal des Débats* traînoit une existence presque ignorée, avec un assez petit nombre d'abonnés, quand Geoffroy fut chargé de la rédaction du compte des spectacles. Il écrivit d'une manière si piquante et si spirituelle que le nombre des souscripteurs augmenta tous les ans, et finit par monter entre vingt-cinq à trente mille, fait unique dans l'histoire des journaux. Le Latin et le Grec lui étoient aussi familiers que sa propre langue, il connoissoit même l'Anglois et en avoit fait quelques traductions. On a dit qu'Attila avoit été un fléau envoyé de Dieu pour punir les crimes de la terre; on pourroit dire que Geoffroy fut celui choisi par Apollon pour venger ses autels d'une foule de littérateurs médiocres et de mauvais poètes qui les outrageoient. Il ne ménageoit pas davantage les auteurs, et il eut même la hardiesse de reprocher à Talma un débit lourd et monotone, et les autres défauts qui l'ont rendu le chef de la mauvaise école de déclamation moderne en France. L'histrion, dont l'orgueil le cède à peine à celui du prince des ténèbres peint si éloquemment par Milton, eut l'impudence de troubler un soir le spectacle en venant l'insulter dans la loge où il étoit tranquillement assis avec sa femme et deux amis. Cette violation du respect dû au public, et des loix qui veillent à la sûreté des citoyens, auroit mérité à son auteur au moins quinze jours de réclusion à Bicêtre, mais il étoit favorisé du duc de Rovigo, et ce digne ministre, après lui avoir fait une légère réprimande, finit par le faire déjeûner avec lui.

Un soir que l'on venoit de représenter " la " Mort de Pompée " tragédie de Corneille sur le théâtre de la cour, chacun s'extasioit sur la manière dont Talma venoit de jouer le rôle de cet illustre Romain. L'empereur venoit d'annoncer qu'il en avoit été content, et en conséquence il étoit tout simple que tous ses courtisans en fussent enchantés. Un seul gardoit le silence, et ne paroissoit point partager l'enthousiasme général. " Eh bien," lui dit Napoléon, " vous êtes le seul qui ne " disiez rien ? " " Sire," répondit celui-ci, " on ne peut plus regretter César ni Pompée,

" mais il est encore permis de donner des
" regrets à le Kain."

Les allusions que le public trouvoit sans
cesse dans les pièces de théâtre jouées dans
nos différens spectacles étoient une source
d'inquiétude et d'embarras pour la police.
On avoit chargé un bureau de reviser toutes
les pièces qui étoient sur le répertoire des
François ; on les avoit mutilées et changées,
et si Racine, Corneille et Molière avoient pu
assister à la représentation d'une de leurs
pièces, ils auroient été bien surpris d'entendre
déclamer des vers d'Esmenard substitués aux
leurs. Il étoit pourtant impossible de tout
prévoir. Un jour qu'on donnoit aux François
" la fausse Agnès " pendant le procès de
Moreau, tout le public battit des mains avec
transport à cette phrase d'*Angélique ;* " mon
" Dieu ! que la justice a mauvaise grâce ! "
Après la funeste campagne de Russie, on fit
répéter deux fois à Mme. Boulanger l'ariette
de *Colombine* dans "le Tableau parlant " com-
mençant par ce vers :

" Vous étiez ce que vous n'êtes plus."

Les caricatures faisoient aussi le désespoir de la police. Elle pouvoit bien empêcher qu'on ne les exposât en vente chez les marchands ; mais malgré tous ses efforts il s'en répandoit toujours dans le public. Peu de tems après que Napoléon eut pris le titre d'empereur, il en parut une qui représentoit Talma lui donnant une leçon de dignité impériale. L'histrion y avoit bien l'air d'un roi de théâtre, et son docile écolier faisoit pour l'imiter des efforts aussi plaisans que superflus.

A l'époque où Napoléon favorisoit la fabrication du sucre de betteraves qui coutoit le double et sucroit une fois moins que celui de cannes ; lorsqu'on forçoit tous les cultivateurs à consacrer à cette racine une portion de terre plus ou moins considérable, on représenta Montalivet, ministre de l'intérieur dans les attributions duquel étoit cette importante fabrication, assis sur une chaise sans fond, et faisant des efforts comiques pour donner naissance à quelques betteraves qui tomboient sous lui. Le petit roi de Rome, placé à ses côtés, en ramassoit une et la suçoit. Sa gouvernante, Mme. de Montesquiou lui disoit d'un air grondeur : " fi donc, sire ! " c'est du caca."—" Papa dit que c'est du " sucre," répondoit l'enfant.

Une caricature qui fit beaucoup de bruit en Italie et par suite en France, fut celle qui représentoit les deux célèbres statues Pasquin et Marforio. *Tutti i Francesi sono ladroni,* disoit Pasquin. *No,* répondoit Marforio, *no tutti, ma buona parte.*

Veyrat, le plus actif et le plus subtil des limiers de la police, se présenta un jour chez un graveur pour saisir les exemplaires d'une caricature qui déplaisoit. Le graveur nia d'abord qu'elle se trouvât chez lui. Mais il fut bien surpris de voir Veyrat aller directe- ment à l'endroit où la collection étoit cachée, soigneusement enveloppée dans une serviette. Veyrat lui montre l'ordre dont il étoit porteur et s'empare du paquet. " Votre mandat est-

'' il donc aussi contre la serviette ?'' lui demande le graveur.

Bonaparte étant encore premier consul se trouvant un soir dans une terre nouvellement achetée par un de ses ministres, lui dit qu'il chasseroit le lendemain dans le parc qui étoit joint au château, et dont l'étendue étoit assez considérable. Le ministre savoit qu'il ne s'y trouvoit pas une seule pièce de gibier, mais ne voulant pas priver son maître du plaisir de la chasse, il fit acheter dans la soirée tous les lapins de clapier qu'on put trouver dans les environs, et les fit lâcher dans son parc. Mais le lendemain le premier consul fut bien surpris en se mettant en chasse de voir que son fusil lui étoit inutile, et que le gibier étoit assez familier pour qu'on pût le prendre avec la main.

Le poète le Brun, dont nous avons déjà parlé, fut du très petit nombre des littérateurs François qui ne voulurent jamais rien écrire à la louange de Napoléon. Un de ses amis, grand partisan de l'empereur, le pressant un jour de faire au moins quelques vers en son honneur, "j'y penserai," répondit le poète. Quelques jours ensuite son ami vint le revoir. " Eh bien," lui dit-il, " vous êtes-vous occupé " de ce dont nous avons parlé ?"—" Oui," répondit le Brun, "j'ai fait un petit poème : " voyez si cela pourra convenir.

" Du grand Napoléon je suis l'admirateur.

" Mais il me veut sujet.—Je suis son serviteur."

Le Brun au surplus trouva peu d'imitateurs, et l'on suivit davantage l'exemple de Benjamin Constant qui, après avoir flatté Napoléon et Louis XVIII, se jeta aux pieds du premier à son retour de l'île d'Elbe, et en obtint une place de conseiller d'état, se déclara une seconde fois contre lui après son départ pour Ste. Hélène, et persistera probablement dans cette opinion, à moins qu'un mauvais vent ne ramène encore sur la scène du monde l'homme extraordinaire qui en a été si long-tems le perturbateur.

FIN.

De l'Imprimerie de
Cox et Baylis, Great Queen Street,
Lincoln's-Inn-Fields.

LIVRES NOUVEAUX

QUI SE TROUVENT CHEZ COLBURN, LIBRAIRE,

CONDUIT STREET, A LONDRES.

MEMOIRES SECRETS SUR LUCIEN BONA-
PARTE, Prince de Canino ; rédigés sur sa Correspondance et sur
des Pièces authentiques et inédites. 2 vols. 8vo. 18s.
 These Memoirs were printed at Paris in 1815, but immediately
 suppressed ; they will be read with avidity by the literary and
 political world. They abound in curious anecdotes.

MEMOIRES et CORRESPONDANCE de MA-
DAME D'EPINAY, où elle donne des Détails sur ses Liaisons avec
Duclos, J. J. Rousseau, Grimm, Diderot, le Baron d'Holbach, Saint
Lambert, Madame d'Houtetot, et autres personnages célèbres du
dix-huitième siècle. Ouvrage renfermant un grand nombre de Let-
tres inédites de Grimm, de Diderot et de J. J. Rousseau, lesquelles
servent d'éclaircissement et de correctif aux Confessions de ce dernier.
In 3 vols. 8vo. £1 10s.

NAPOLEON PEINT PAR LUI-MEME, Extraits
du véritable Manuscrit de Napoleon Bonaparte. 6s. 6d.

MADAME DE STAEL'S MEMOIRS of the PRI-
VATE LIFE OF HER FATHER, the celebrated M. NECKER.
1 vol. 8vo. 12s. Ditto, French 10s. 6d.

MEMOIRS of M. FOUCHE, Duke of Otranto, com-
prising various Correspondence, addressed to the Emperor Napoleon,
Duke of Wellington, King Joachim, the Count d'Artois, Prince Blu-
cher, Louis XVIII. Count de Blacas, and other Ministers, 2d Edit.
1 vol. 8vo. 7s. 6d. The Letter to the Duke of Wellington may be had
separately.

MEMOIRES PARTICULIERS, par Madame la
DUCHESSE D'ANGOULEME. 3d Edition, with Historical and
Biographical Notes, printed uniformly with the work of Hué and
the Journal de Clery. 8vo. 5s. 6d.

MEMOIRES du MARQUIS de DANGEAU.
ECRITS de SA MAIN ; ou JOURNAL de la COUR de LOUIS XIV.
Extrait du Manuscrit original ; avec des Notes historiques et critiques,
par Madame DE GENLIS. 3 vols. 8vo. Price £1 11s. 6d.

MEMOIRS of PRINCE POTEMKIN, Field-
Marshal and Commander-in-Chief of the Russian Armies, Knight,
&c. containing many curious and interesting Anecdotes of the Russian
Court. 2d Edit. with Portrait, 9s.